New York,
escapades littéraires

New York, escapades littéraires

PAVILLONS POCHE

Robert Laffont

Pour la présente édition :
© Éditions Robert Laffont, S. A., Paris, 2017

ISBN 978-2-221-19936-7

Retrouvez la liste complète des copyrights en fin d'ouvrage.

Edgar Allan Poe
Doings of Gotham, 1844

New York, 14 mai 1844

[...] J'ai parcouru cette île de Mannahatta de long en large. Certaines parties de l'intérieur présentent une stérilité rocailleuse qui pourrait donner à certaines imaginations une impression de pur lugubre – pour moi, elles incarnent le sublime. Les arbres sont peu nombreux, mais certains arbustes sont excessivement pittoresques. Tout comme les baraques des squatters irlandais. J'ai à présent un de ces *tabernacles* (j'utilise le mot dans son sens primitif) à l'esprit. Il mesure, peut-être, neuf pieds sur six, prolongé, à l'extérieur, par une porcherie qui lui sert à la fois de portique et de soutien. L'ensemble (fait de boue) a été érigé dans le but, peut-être trop évident, d'imiter la tour de Pise. Une douzaine de planches grossières, montées ensemble, tiennent lieu de toit. La porte est un fond de tonneau. Il y a aussi un jardin délimité d'un côté par un fossé, de l'autre par une grosse pierre, de l'autre encore par des ronces. À tout coup, on trouve également dans ces habitations un chat et un chien ; et il semble qu'on ne trouverait pas ailleurs de chien ou de chat plus heureux.

Sur la partie sud de Mannahatta (pourquoi persiste-t-on donc à modifier les noms originaux ?), on trouve des sites sur lesquels construire des villas parmi les plus pittoresques de toute la chrétienté. Ces lieux sont pourtant laissés à l'abandon, sans entretien. Les vieilles demeures qui s'y trouvent (principalement en bois) souffrent de ne pas être remises en état, et offrent un bien triste spectacle de décrépitude. Ces lieux magnifiques sont en fait condamnés. L'esprit du Progrès les a asséchés de son haleine âpre. On a déjà tracé les rues qui les traverseront, et ces demeures ont cessé d'être des résidences de banlieue pour devenir des lotissements urbains. Dans une trentaine d'années, toutes les falaises auront été transformées en quais, et l'ensemble de l'île aura été profané par des immeubles en briques, avec des façades pompeuses en pierre rouge (des « brown-stones », comme les appellent les habitants de Gotham).

Lettre 1, *The Columbia Spy*,
traduit par Pauline Peretz

Edgar Allan Poe

Mellonta Tauta, 1850

8 avril

Eurêka ! Pundit triomphe ! Un ballon venant du Kanada nous a parlé aujourd'hui, et nous a jeté quelques anciens papiers ; ils contiennent des informations excessivement curieuses touchant les antiquités kanadiennes ou plutôt amriccanes. Vous savez, je présume, que des terrassiers ont passé plusieurs mois à préparer l'emplacement pour l'érection d'une nouvelle fontaine à Paradis, le principal jardin de plaisance de l'empereur. Paradis, paraît-il, était à une époque immémoriale une île – c'est-à-dire qu'il a toujours été borné au nord, aussi loin que cela est attesté par les documents, par un petit ruisseau, ou plutôt par un bras de mer fort étroit. Ce bras s'élargit graduellement jusqu'à ce qu'il eût atteint sa largeur actuelle – un mille. La longueur totale de l'île est de neuf milles ; sa largeur varie d'une façon sensible. L'étendue entière de l'île (selon Pundit) était, il y a quelque huit cents ans, encombrée de maisons, dont quelques-unes avaient vingt étages de haut : la terre (pour une raison fort inexplicable) étant considérée comme très précieuse dans ces parages. Le désastreux tremblement de terre de l'an 2050 engloutit si totalement la ville (elle était trop étendue pour l'appeler un village) que jusqu'ici les plus infatigables de nos antiquaires n'ont pu recueillir sur les lieux des données suffisantes (en fait de monnaies, de médailles ou d'inscriptions) pour construire l'ombre même d'une théorie touchant les mœurs, les coutumes, etc., etc., etc. des premiers habitants. Tout ce que nous savions d'eux, c'est qu'ils faisaient partie des Knickerbockers, tribu de sauvages qui infestaient le continent lors de sa première découverte par Recorder Riker, chevalier de la Toison d'or. Cependant ils ne manquaient pas d'une certaine civilisation ; ils cultivaient différents arts et même différentes sciences à leur manière. On raconte qu'ils étaient sous beaucoup de rapports fort ingénieux, mais affligés de la singulière monomanie de bâtir ce que, dans l'ancien amriccan, on appelait des « églises » – des espèces de pagodes instituées pour le culte de deux idoles connues sous le nom de Richesse et de Mode. Si bien qu'à la fin, dit-on, les quatre-vingt dixièmes de l'île n'étaient plus qu'églises. Les femmes aussi, paraît-il, étaient singulièrement déformées par une protubérance naturelle de la région située juste au-dessous du dos – et, chose inexplicable, cette difformité passait pour une merveilleuse beauté. Une ou deux peintures de ces singulières femmes ont été miraculeusement conservées. C'est quelque chose de vraiment drôle – quelque chose entre le dindon et le dromadaire.

Voila donc presque tout ce qui nous est parvenu touchant les anciens Knickerbockers. Or, il paraît qu'en creusant au centre du jardin de l'empereur (qui, comme vous le savez, couvre toute l'étendue de l'île) quelques-uns des ouvriers déterrèrent un bloc de granit cubique et visiblement sculpté, pesant plusieurs centaines de livres. Il était parfaitement conservé, et semblait avoir peu souffert de la convulsion qui l'avait enseveli. Sur une de ses surfaces était une plaque de marbre, revêtue (et c'est ici la merveille des merveilles) d'une inscription – d'une inscription lisible. Pundit est dans l'extase. Quand on eut détaché la plaque, on découvrit une cavité, renfermant une boîte de plomb remplie de différentes monnaies, une longue liste de noms, quelques documents qui ressemblent à des journaux, et d'autres objets du plus haut intérêt pour les antiquaires ! Il ne peut y avoir aucun doute sur leur origine ; ce sont des reliques amricanes authentiques appartenant à la tribu des Knickerbockers. Les papiers jetés à bord de notre ballon sont couverts des fac-similés, des monnaies, manuscrits, topographie, etc., etc. Je vous envoie pour votre amusement une copie de l'inscription en knickerbocker qui se trouve sur la plaque de marbre :

Cette pierre angulaire d'un monument à la mémoire de GEORGE WASHINGTON a été posée avec les cérémonies appropriées le 19ᵉ jour d'octobre A.D. 1847, l'anniversaire de la reddition de lord Cornwallis au général Washington à Yorktown, 1781, sous les auspices de l'Association pour le monument de Washington de la cité de New York.

C'est une traduction littérale de l'inscription, faite par Pundit lui-même, de telle sorte que vous pouvez être sûr de son exactitude. Du petit nombre de mots qui nous sont ainsi conservés, nous pouvons tirer plus d'un renseignement important ; et l'un des plus intéressants est assurément ce fait qu'il y a mille ans les monuments réels étaient déjà tombés en désuétude : on se contentait, comme nous aujourd'hui, d'indiquer simplement l'intention d'élever un monument – quelque jour à venir ; une pierre angulaire était posée « solitaire et seule » (vous m'excuserez de vous citer le grand poète amriccan Benton !) comme garantie de cette magnanime intention. Cette admirable inscription nous apprend en outre d'une façon très précise la manière, le lieu et le sujet de la grande reddition en question. Pour le lieu, ce fut Yorktown (où que ce soit) ; quant au sujet, ce fut le général Cornwallis (sans doute quelque riche négociant en blé). C'est lui qui se rendit. L'inscription mentionne celui à qui se rendit lord Cornwallis. Resterait à savoir pourquoi les sauvages pouvaient désirer qu'il se rendît. Mais quand nous nous souvenons que ces sauvages étaient sans aucun doute des cannibales, nous arrivons naturellement à cette conclusion : qu'ils voulaient en faire un saucisson. Quant à la manière, rien ne saurait être plus explicite que cette inscription. Lord Cornwallis se rendit (pour devenir un saucisson) « sous les auspices de l'Association pour le monument de Washington », sans doute une institution de charité pour le dépôt des pierres angulaires. Mais grands Dieux ! Qu'arrive-t-il ? Ah ! Je vois : le ballon vient d'en rencontrer un autre ; il y a eu collision, et nous allons piquer une tête dans la mer. Je n'ai donc plus que le temps d'ajouter ceci : d'après une hâtive inspection des fac-similés des journaux, etc., etc., je découvre que les grands hommes de cette époque parmi les Amriccans furent un certain John, forgeron, et un certain Zacharie, tailleur.

Adieu, au revoir. Recevrez-vous oui ou non cette lettre ? C'est là un point de peu d'importance, puisque je l'écris uniquement pour mon propre amusement. Je vais mettre le manuscrit dans une bouteille bien bouchée et la jeter à la mer.

Éternellement vôtre,

PUNDITA

« Mellonta Tauta », *Derniers contes*,
traduit par Felix Rabbe

Walt Whitman

Leaves of Grass, 1855

Je demandais quelque chose de caractéristique et de parfait pour ma ville,

Lorsque, voyez ! Le nom que lui donnèrent les Aborigènes à mes yeux surgit.

Je vois à présent ce que peut contenir un nom, un mot liquide, sain, réfractaire, musical, hautain,

Je vois que le nom qui convient à ma cité est ce mot venu de jadis,

Parce que je vois ce mot appuyé dans les creux des baies, superbe,

Opulent, tout autour ceinturé de voiliers et de vapeurs pressés l'un contre l'autre, je vois une île de vingt-cinq kilomètres de long, avec le plein roc comme base,

Les rues sans nombre avec leurs foules, les hauts végétaux de fer, sveltes, forts et légers, qui jaillissent splendidement de son sol vers les cieux clairs,

Les marées qui affluent rapides et amples, les marées tant aimées de moi, à l'heure où le soleil se couche,

Les courants marins qui s'épanchent, les petites îles, les grandes îles avoisinantes, les hauteurs, les villas,

Les mâts innombrables, les blancs côtiers, les allèges, les bacs, les noirs paquebots aux formes parfaites,

Les rues du bas de la ville, les boutiques des soldeurs, les bureaux des armateurs et des changeurs, les rues qui bordent la Rivière,

Les immigrants qui arrivent à raison de quinze ou vingt mille en une semaine,

Les camions voiturant les marchandises, la mâle race des conducteurs de chevaux, les marins au visage halé,

L'air estival, le soleil qui brille éclatant, et les nuages qui flottent là-haut,

Les neiges de l'hiver, les clochettes des traîneaux, les glaçons dans la Rivière qu'apporte le flux ou qu'emporte le reflux,

Les ouvriers de la ville, les maîtres, aux nobles proportions, au visage magnifique, qui vous regardent bien en face,

Les trottoirs encombrés, les voitures, Broadway, les femmes, les magasins et les curiosités,

Un million d'habitants, aux manières libres et fières, à la voix franche, accueillants – les jeunes gens les plus braves et les plus cordiaux,

Ville des flots précipités et écumants ! Ville des faîtes et des mâts !

Ville posée parmi les baies ! Ma ville !

Cité d'orgies

Cité d'orgies, de balades et de joies,

    Cité qui sera illustre un jour parce que j'ai vécu et chanté en ton sein,

    Ce ne sont pas tes pompes, tes tableaux mouvants ni tes spectacles qui me payent de retour,

    Ni les rangées interminables de tes maisons, ni les navires aux quais,

    Ni les défilés dans les rues, ni les vitrines brillantes remplies de marchandises,

    Ni de converser avec des gens instruits, ni de prendre part aux soirées et aux fêtes,

    Non, pas cela, mais lorsque je passe, ô Manhattan, le fréquent et rapide éclair des yeux qui m'offrent l'affection,

    Qui répondent aux miens, voilà ce qui me paye de retour,

    Seuls des amis, un perpétuel cortège d'amis, me payent de retour.

Broadway

Quels flots humains précipités, le jour comme la nuit !

    Quelles passions, quels gains, quelles pertes, quelles ardeurs sillonnent tes eaux !

    Quels tourbillons de mal, d'allégresse et de douleur te refoulent !

Quels étranges regards interrogateurs – quels éclairs d'affection !

Toi, porte – toi, arène – toi, avec tes suites qui s'allongent et tes groupes myriadaires !

(Si seulement les dalles et les bordures de tes trottoirs, si seulement tes façades pouvaient raconter leurs inimitables histoires,

Et tes riches devantures, et tes hôtels énormes, et tes larges trottoirs !)

Toi où sans relâche les pieds glissent, saccadés et traînants !

Toi qui es comme le monde même multicolore – pareille à la vie infinie, pullulante, moqueuse !

Toi avec ton masque, avec ton spectacle et ta leçon, vastes et indicibles !

Feuilles d'herbe,
traduit par Léon Bazalgette

Francis Scott Fitzgerald
All the Sad Young Men, 1926

Anson était l'aîné de six enfants qui devaient un jour se partager une fortune de quinze millions de dollars et il atteignit l'âge de raison – est-ce bien sept ans ? – au début de ce siècle, à une époque où des jeunes femmes intrépides parcouraient déjà la Cinquième Avenue dans des voitures électriques. À cette époque, il partageait avec son frère une gouvernante anglaise qui parlait l'anglais très distinctement, très nettement – mais avec une pointe de sécheresse, si bien que son frère et lui en vinrent à imiter sa diction. Leurs phrases étaient claires et nettes, mais elles n'avaient pas l'aspect continu et lié des nôtres. Sans avoir exactement un accent d'enfant anglais, ils parlaient avec un accent qui est particulier aux gens élégants de New York.

Au cours de l'été, les enfants quittaient la maison de la 71ᵉ Rue et se rendaient dans une grande propriété, au nord du Connecticut. Ce n'était pas du tout un lieu de vacances à la mode : le père d'Anson avait voulu retarder le plus possible le moment où ses enfants prendraient contact avec ce genre de vie. C'était un homme nettement supérieur à la classe sociale dont il faisait partie – la haute société new-yorkaise –, supérieur aussi à son époque que marquaient le snobisme et la vulgarité affectée de l'âge d'or, et il tenait à ce que ses enfants apprissent à réfléchir, fussent en bonne santé et devinssent des adultes honnêtes et heureux dans leurs entreprises. Sa femme et lui les surveillèrent de leur mieux, jusqu'au départ des deux aînés pour l'école ; cette surveillance, il faut le dire, est difficile à assurer dans les grandes demeures, et elle était bien plus simple dans les petites maisons et les villas où j'ai passé ma jeunesse. Je n'ai jamais été loin de la voix de ma mère, j'ai toujours eu le sentiment de sa présence, de son approbation ou de sa désapprobation.

Anson éprouva pour la première fois le sentiment de sa supériorité lorsqu'il remarqua la déférence un peu contrainte qu'on lui portait – à la manière américaine – dans le village du Connecticut. Les parents de ses camarades de jeux lui demandaient toujours des nouvelles de ses parents et semblaient toujours impressionnés quand les Hunter invitaient leurs enfants. Anson acceptait cet état de choses : il le trouvait naturel, et il garda toute sa vie une espèce d'agacement à l'égard des groupes dont il n'était pas le centre, grâce à sa richesse, sa situation ou son autorité. Il ne condescendait pas à contester à d'autres une préséance qui lui semblait due et, lorsque cela arrivait, il se retirait dans sa famille. Sa famille lui suffisait, car l'argent, à l'Est, reste encore un avantage féodal, un prétexte à la formation de clans. À l'Ouest, où l'on est plus mondain, l'argent sépare les familles en coteries.

Lorsque à dix-huit ans il entra à Yale, Anson était grand et solide, avec un teint clair et coloré, il avait mené une vie ordonnée à l'école. Il était blond, avec des cheveux mal plantés : son nez était crochu (ces deux traits l'empêchaient d'être un bel homme), mais il avait un charme plein d'assurance et une sorte de brusquerie qui faisait que les hommes riches, en le croisant dans la rue, sentaient instinctivement que c'était un garçon très riche qui avait fréquenté les meilleures écoles. Pourtant, ce fut sa supériorité même qui l'empêcha d'avoir du succès parmi ses condisciples : son indépendance passa pour de l'égoïsme, et son refus d'accepter les traditions de l'université avec un respect suffisant parut être un mépris voilé pour ceux qui les révéraient. Ainsi, bien avant la fin de ses études, il commença à faire de New York le vrai centre de sa vie.

À New York, il était chez lui il y avait sa maison et « le genre de domestiques qu'on ne trouve plus nulle part » –, il avait aussi sa famille, dont, grâce à sa bonne humeur et à une certaine aptitude à détendre l'atmosphère, il devenait peu à peu le centre, et puis New York, c'était aussi les bals de débutantes et le monde viril et policé des clubs masculins et, de temps en temps, une soirée avec des filles que les étudiants de

Yale ne voyaient jamais que du cinquième rang des fauteuils d'orchestre. Ses désirs étaient très conventionnels – jusqu'à l'ombre irréprochable qui serait un jour sa femme –, mais ils différaient de ceux de la majorité des jeunes gens en ce qu'ils n'étaient pas brumeux, vagues, qu'ils n'étaient pas du tout marqués par cette qualité que l'on appelle tantôt « l'idéalisme » et tantôt « l'illusion ». Anson acceptait sous réserves le monde de la haute finance et de la folle extravagance, du divorce et de la vie facile, du snobisme et des privilèges. Pour la plupart des gens, la vie s'achève par un compromis : c'est sur un compromis que la sienne commença.

[...] En attendant, il se plongea dans la vie et l'éclat du New York de l'après-guerre ; il entra dans une maison de courtiers en valeurs, fut membre d'une demi-douzaine de clubs, alla danser jusqu'à l'aube et appartint à trois mondes différents : le sien, celui des jeunes étudiants de Yale et cette partie du demi-monde qui a un pied dans Broadway. Mais il consacrait toujours huit heures de sa journée à son travail à Wall Street, où il travaillait avec acharnement et où l'influence combinée de ses relations familiales, de l'acuité de son intelligence et de la vigueur de son énergie physique lui firent bientôt une place de premier plan. Il avait un de ces esprits précieux qui sont si bien cloisonnés ; parfois il apparaissait à son bureau très bien reposé par une petite heure de sommeil, mais c'était peu fréquent. Dès 1920, son revenu, salaire et commissions compris, se montait déjà à douze mille dollars par an.

[...] Dehors, c'était la nuit noire, mais la rue, du côté de la Sixième Avenue, avait une clarté vague. C'est dans cette lumière que ces deux êtres qui s'étaient aimés regardèrent leurs visages tragiques, et comprirent qu'ils n'avaient pas assez de jeunesse ni de force pour empêcher leur séparation éternelle. Sloane s'éloigna brusquement et Anson secoua par le bras un chauffeur de taxi endormi.

Il était près de quatre heures du matin. Le long des trottoirs de la Cinquième Avenue, un flot lent d'eau de nettoyage s'écoulait paresseusement, et les ombres de deux femmes noctambules se profilèrent sur l'église Saint-Thomas. Puis les sinistres arbustes et les taillis de Central Park dans lequel Anson avait souvent joué dans son enfance, et les numéros des rues de plus en plus élevés, comme si les rues s'accumulaient, marchaient. C'était sa ville à lui, pensait-il, la ville où son nom était connu depuis cinq générations. Nul changement ne pouvait modifier le rang qu'il occupait ici, car le changement était le processus par lequel lui-même et tous ceux qui avaient porté son nom s'étaient toujours identifiés à l'esprit de New York. Son esprit inventif et la puissance de sa volonté – en d'autres mains, ses menaces n'eussent été d'aucune utilité – avaient d'un seul coup secoué la poussière qui s'accumulait sur le nom de son oncle, sur celui de sa famille et, même, sur cette forme frissonnante assise près de lui dans le taxi.

On trouva le lendemain matin le corps de Sloane Cary à l'étage inférieur d'une pile du pont de Queensbore. Dans l'obscurité, et énervé comme il l'était, il avait cru que c'était l'eau qui refluait sous lui, mais, une seconde plus tard, ses pensées n'avaient plus la moindre importance, à moins qu'il n'ait eu l'intention de penser une dernière fois à Edna et de crier son nom en se débattant faiblement dans l'eau.

« Le garçon riche »,
Un diamant gros comme le Ritz,
traduit par Marie-Pierre Castelnau
et Bernard Willerval

Arthur Miller
Focus, 1945

Il y a des heures où les objets les plus familiers semblent changer de contours et glisser vers le fantastique et l'inexploré. Il ne cessait de sonder du regard le vieux faubourg industriel de Long Island City qu'ils traversaient en rentrant à une heure peu avancée de la soirée suivante. Jamais encore il n'avait observé que tant de ces maisons étaient closes et condamnées ; ni cette fumée qui restait en suspens dans l'air, ni son reflet sous les rayons du soleil couchant qui la faisaient miroiter sur le pare-brise comme de la rosée. Les ateliers, et la couche grise et visqueuse séchant sur les pavés, les usines occupant des blocs entiers et leurs fenêtres couleur d'ardoise, les Noirs assis sur les marches usées de leurs maisons de bois, le silence macabre de ce crépuscule dominical, l'impression d'un rêve, le frappèrent et il y vit une tranche de vie soulevée hors du monde.

[…] Depuis près de quarante jours, il n'avait pas plu sur la ville. La pluie, insidieusement, a une action pacificatrice ; les gens restent chez eux et, dans les commissariats, les pages des registres ne se noircissent pas si vite. Mais lorsque le ciel reste bleu, immuablement, une journée torride succédant à l'autre, comme cet été-là, lorsque l'homme est tiré du sommeil parce qu'il étouffe dans l'air moite, ce sont les rues, les terrasses de la cité qui regorgent de monde et, pour un temps, l'autorité de la famille se désagrège. Les glaciers, les restaurateurs refusent du monde ; les plages sont foulées par plus de gens qu'elles ne sont destinées à en porter – la cité se vide de sa substance au profit de ses propres artères congestionnées. Depuis près de quarante jours, cet été-là, il n'avait pas plu sur la ville, elle n'avait pas connu une journée de fraîcheur et les gens irrités se pressaient les uns contre les autres en quête d'un souffle d'air qui leur permît de respirer un instant. Les uns emportaient leurs réveils et allaient passer la nuit à Central Park ; ou bien, bravant les moustiques, s'allongeaient sur le sable de Coney Island. Plus d'un s'y fit dévaliser. D'autres étaient dépouillés sur les toits des immeubles où ils s'étaient réfugiés pour tenter d'y trouver le sommeil. Certains s'étendaient sur les marches métalliques des escaliers de service et dégringolaient au milieu de la nuit ; d'autres encore, rentrant chez eux à une heure tardive, trouvaient leur logis cambriolé parce qu'ils avaient voulu laisser leurs fenêtres ouvertes. Il survenait toutes sortes d'accidents parfois tragiques, parfois simplement coûteux. De temps à autre, un frigidaire surmené éclatait au milieu de la cuisine. Deux garçonnets, dans l'espoir de s'offrir un courant d'air, passèrent la tête par la fenêtre du train de la Culver Line et furent décapités. Plusieurs femmes enceintes accouchèrent avant terme dans les autobus empoisonnés par l'oxyde de carbone. Sur la Sixième Avenue, un homme, exaspéré par la chaleur, sortit un revolver et tira par deux fois sur la foule qui attendait le changement de couleur du signal lumineux. Il expliqua par la suite qu'il n'avait pu supporter la vue de tous ces gens. Une femme de près de soixante-dix ans fut surprise en train d'escalader la balustrade du lac de Central Park. Dans la maison du garde, on la laissa prendre une douche avant de rentrer chez elle, munie d'un mouchoir trempé dans l'eau. On pouvait voir, dans le Bronx, plus d'un chien enragé courant en liberté. On constatait, par centaines, des cas de paralysie infantile, et le bruit courait que les eaux de Coney Island étaient polluées. Ce qui n'empêchait nullement les gens d'y venir, et beaucoup battaient l'eau dans leur voisinage pour la faire mousser et chasser les germes, sous l'œil attentif des gardes-côtes. Dans les cafés, l'odeur du lait tourné se communiquait à tout ce que prenaient les consommateurs. Ils ne pouvaient plus apprécier un repas ni fermer l'œil. Brooklyn subissait une invasion exceptionnelle de grosses mouches, et en raison de la guerre il était difficile de trouver des moustiquaires. Il y eut des incendies, notamment dans deux parcs d'attractions et sur plusieurs jetées. À la suite de quoi, les gens ne se rendaient plus sans appréhension dans les parcs ou à Coney Island, mais ils y allaient tout de même et vivaient dans l'inquiétude. Il n'est pas jusqu'au métro qui ne se comportât bizarrement : dans l'espace d'une semaine, trois trains furent découverts, lancés à grande allure sur la mauvaise voie. Pendant près de quarante jours, il n'avait pas plu sur la ville.

Et Queens ne différait en rien du reste de la cité, sinon qu'il s'y trouvait encore plus de moustiques. Il y a très peu d'arbres à Queens, et le terrain y est absolument plat ; aussi la chaleur y paraît-elle encore plus implacable, surtout dans les quartiers construits sur d'anciens marais. Là, sur les portions non bâties encore, le sol est comme de la cendre qui n'attend que le plus léger prétexte, fût-ce une vibration solaire, pour devenir à hauteur d'homme un fin nuage de poussière.

Focus,
traduit par Yvonne Desvignes

Arthur Miller

A View from the Bridge, 1955

Alfieri

Vous avez vu cet air gêné qu'ils prennent pour me saluer ? C'est parce que je suis un avocat. Dans le quartier, les avocats, c'est comme les curés, on n'aime pas beaucoup les rencontrer. Il paraît que c'est mauvais signe, que le malheur est en route. Moi qui suis de famille sicilienne, comme presque tous les gens d'ici, c'est à peine si j'ose sourire de ces superstitions. Quand je suis arrivé en Amérique, j'avais déjà vingt-cinq ans et je croyais encore au mauvais œil. C'était l'époque où Al Capone faisait son apprentissage sur ces trottoirs et il y a eu par là plus d'un règlement de comptes où les avocats n'avaient pas la parole. Les revolvers claquaient souvent en plein jour. Ici même, au coin d'Union Street, Frankie Yale était coupé en deux parties très égales par une mitrailleuse. C'est qu'ici la justice a toujours beaucoup compté. Je dirais même qu'elle compte davantage que la loi. Quand même, on n'est pas en Sicile, on est à la Ligne

Rouge. On est dans les bas quartiers face à la baie du côté du pont de Brooklyn qui regarde la mer. Ici, c'est le gosier de New York qui ingurgite le tonnage du monde. Et maintenant nous sommes tout à fait civilisés, tout à fait américains. Au lieu de s'entretuer, on transige et je n'ai même plus besoin d'avoir un revolver dans le tiroir de mon bureau. Il paraît que tout le pittoresque de l'endroit s'est comme qui dirait évaporé. Ça se peut bien. Ma femme, qui n'a pourtant pas le genre pincé, trouve que ma clientèle manque d'allure, manque de classe. Je serais presque tenté de lui donner raison, parce que c'est la vérité pure que, dans toute ma vie d'avocat, je n'ai eu affaire qu'à des dockers et à leurs familles, je n'ai été occupé que de leurs histoires d'accidents du travail, de leurs expulsions, de leurs querelles de ménage – les pauvres ennuis des gens pauvres. Sortie bien sûr de ces dossiers et de cette paperasse, il semble qu'une poussière épaisse assombrisse mon bureau. Pourtant, de loin en loin, il arrive encore que l'un de ces hommes vienne à moi comme à un confident et que le remuement profond de sa souffrance fasse tout à coup fulgurer entre ces murs une lumière d'orage. Pendant qu'il parle et qu'il laisse ainsi saigner son cœur devant moi, l'air s'imprègne de la verte odeur des maquis siciliens. Alors je ferme les yeux pour mieux la respirer et aussi pour dissimuler mon trouble de sentir mon impuissance en face du drame qui s'achemine vers son dénouement.

(Eddie est apparu à gauche. Après avoir joué aux sous avec les hommes, il se tient maintenant debout parmi eux.) Celui-là s'appelait Eddie Carbone, un débardeur débardant sur les quais, du pont de Brooklyn jusqu'à la jetée où commence la haute mer.

[...] EDDIE, *traverse et s'assied dans le fauteuil.*
Bon voyage ?

MARCO, *tandis que Béatrice traverse et s'assied sur l'escabeau.*

L'Océan chahute toujours bien un peu, mais on a bon pied.

BÉATRICE

Et comment vous avez trouvé New York ?

MARCO

Je vais te dire. On l'a vu surtout du bateau, parce qu'on est venus ici par le métro. Quand même, sur le pont du cargo, quand on a vu la ville se dresser si haute devant nous, on a eu un choc.

RODOLPHO

On a beau avoir vu des photos, ça dépasse tout ce qu'on a imaginé.

EDDIE

Et Brooklyn ?

MARCO

Brooklyn, c'est plus la même chose (*embarrassé*), je veux dire, ça fait moins moins… moins moderne, moins américain.

BÉATRICE, *riant.*

Va, tu peux dire la vérité, tu vexeras personne d'ici. On le sait, que Brooklyn ça fait pauvre, ça fait miteux. Des immeubles qui ont l'air malades, des façades moisies, écaillées, juste ce qui convient pour le pauvre monde.

MARCO

Mais non… mais non… C'est quand même loin de ce que tu dis.

EDDIE, *que l'embarras de Marco fait sourire.*

Pas de mal pour arriver jusqu'ici ?

MARCO

Non, l'homme nous a conduits. Chic type.

RODOLPHO, à *Eddie.*

Il dit qu'on commence le travail demain. Il est honnête ?

EDDIE, *riant.*

Non. C'est une créature du syndicat. Mais tout ce monde-là, tant que vous leur devrez de l'argent, ils sauront vous trouver du travail. (*À Marco.*) En Italie, t'as déjà travaillé sur les docks ?

MARCO

Non, jamais.

RODOLPHO, *souriant.*

Dans notre ville, il y a une plage, y a aussi des petites barques de pêche, mais des docks, pas question.

BÉATRICE

Alors, qu'est-ce que vous faisiez comme travail ?

MARCO, *hausse les épaules timidement.*

Ce qui se présentait, n'importe quoi...

RODOLPHO

Des fois, il y a une maison qui se construit ou bien on répare le pont. Marco fait le maçon et, moi, je lui apporte le ciment. À la belle saison, si par hasard y a du travail, c'est plutôt les champs, la moisson, sarcler, arracher, n'importe quoi.

EDDIE

C'est pas fameux, là-bas.

MARCO

Oh non, pas fameux. Ça fait longtemps que t'as quitté la Sicile ?

EDDIE

Plutôt, oui. Je suis venu en Amérique à l'âge de quatre ans.

MARCO

En effet.

[...] CATHERINE

Bonsoir, Eddie. Ah ! si tu savais le film qu'on a vu. Qu'est-ce qu'on a pu rire !

EDDIE, *amusé, il sourit.*

Vous étiez où ?

CATHERINE

Au Paramount.

EDDIE

Au Paramount de Brooklyn ?

CATHERINE, *avec rancune.*

Eh bien, oui, à Brooklyn, puisque tu nous empêches d'aller à New York.

EDDIE

Bon, ça va, je te demandais, c'est tout. (*À Rodolpho.*) Ce que je veux pas, c'est qu'elle traîne sur les trottoirs de Broadway, compris ? Là-bas, c'est plein de poules.

RODOLPHO

Je voudrais pourtant y aller une fois, à Broadway. Je voudrais marcher avec elle dans les lumières au milieu de la foule. J'en ai tellement entendu parler, tellement vu de photos.

EDDIE, *d'une voix dure.*

J'ai à lui parler une minute, Rodolpho. Rentre, tu veux.

RODOLPHO

Eddie, on marche ensemble dans la rue, c'est tout.

CATHERINE

Tu sais ce qu'il peut pas encaisser ? C'est qu'à Brooklyn y ait pas de fontaines.

EDDIE, *avec un sourire forcé.*

Des fontaines ?

CATHERINE

Il dit qu'en Italie, chaque ville a ses fontaines et que c'est là qu'on se rencontre. Et aussi qu'en Sicile, ils ont des oranges sur les arbres, des citrons. Tu imagines ? Sur les arbres.

RODOLPHO

Eddie, pourquoi on n'irait pas à Broadway une fois, rien qu'une fois ?

EDDIE

Je t'ai dit que j'avais à lui parler.

RODOLPHO

Tu pourrais peut-être venir aussi ? De Brooklyn à Broadway, c'est quand même pas si loin.

Vu du pont,
traduit par Maurice Pons

Richard Yates
Revolutionary Road, 1961

Avec une aisance confiante et douce, il quitta la mauvaise route secondaire pour déboucher dans la grande ligne droite de la Route n° 12 ; au moins là, en conduisant, il se sentait sur un terrain solide. Un vent frais fouettant ses cheveux courts le calma : il commença à entrevoir dans sa véritable perspective le fiasco de la Compagnie du Laurier. Non, vraiment, il n'y avait pas de quoi avoir de la peine. Des gens intelligents, réfléchis, pouvaient encaisser des avatars de cet ordre ; ils encaissaient bien de plus grandes absurdités, par exemple des situations mortellement assommantes à New York et des maisons mortellement assommantes en banlieue ! Les circonstances économiques pouvaient obliger n'importe qui à vivre dans une pareille ambiance : l'essentiel était de ne pas se laisser contaminer. L'essentiel, toujours, était de se rappeler qui l'on était.

Et maintenant, comme cela se produisait souvent quand il s'efforçait de se rappeler qui il était, son esprit se reporta à quelques années en arrière, tout de suite après la guerre, vers un immeuble délabré de Bethune Street, dans ce quartier de New York où l'aimable lisière ouest du Village s'écaille en de silencieux entrepôts face à la mer, où la brise salée du soir et les trompes graves sur le fleuve pendant les heures nocturnes enrichissent l'atmosphère d'une promesse de voyages.

[...] Shep était mal à l'aise. Il n'aimait pas les lignes sardoniques qui avaient fait leur apparition aux commissures de la bouche tirées vers le bas, ni la façon dont sa voix s'était étouffée, ni le geste qu'elle eut pour saisir une cigarette et la planter entre ses lèvres... Elle ressemblait trop à l'image cruelle qu'il avait brossée d'elle, mentalement, dans dix ans d'ici.

— ... Ce que je voulais tout simplement vous dire, c'est que je ne vous aurais jamais imaginée dans une solitude pareille.

— Bien, répondit-elle. Merci, Shep. J'ai toujours espéré que l'on ne m'imaginait pas au sein d'une solitude pareille. C'était en réalité ce qui pouvait m'arriver de mieux quand je suis allée à New York après la guerre, voyez-vous : que les gens ne m'imaginent pas ainsi...

À présent qu'elle avait fait une allusion à sa vie à New York, il brûlait de lui poser une question qui l'avait toujours obsédé d'une manière morbide : quand elle avait connu Frank, était-elle encore vierge ? Dans la négative, la jalousie de Shep perdrait de son acuité ; dans l'affirmative, et s'il se trouvait obligé de considérer Frank Wheeler comme son premier amant aussi bien que comme son mari, sa jalousie deviendrait intolérable. Jamais il n'avait profité d'une occasion meilleure pour obtenir une réponse, mais en admettant que des mots existassent pour formuler une question de cet ordre, ils lui échappèrent sans espoir. Il ne saurait jamais.

— ... Oh, c'était drôle, il me semble, ces années à New York ! disait-elle. J'y pense toujours comme à une époque heureuse, stimulante, et je crois qu'elle l'était en réalité, mais même alors...

Sa voix n'était plus étouffée.

— ... Je sentais encore... Je ne sais pas.

— Vous sentiez encore que la vie passait à côté de vous ?

— Vaguement. J'avais encore en tête l'idée qu'il existait quelque part un monde de gens merveilleux, de personnages dorés, et ils me paraissaient aussi loin de moi que les grandes de mon collège quand j'étais en sixième ; des êtres qui savaient tout d'instinct, qui vivaient selon leur bon plaisir et sans effort, qui n'avaient jamais à tirer le maximum d'une mauvaise situation parce qu'il ne leur arrivait jamais de faire quelque chose qui ne fût parfait du premier coup. Une sorte de héros supérieurs, tous également beaux, intelligents, calmes, bons, et j'ai toujours pensé que, lorsque je les découvrirais, je m'apercevrais soudain que j'appartenais à leur espèce, que j'étais l'une d'entre eux, que j'avais toujours voulu être l'une d'entre eux, et que tout ce que j'avais fait en attendant avait été autant d'erreurs ; et qu'ils le savaient, eux aussi. Je ressemblerais au vilain canard parmi les cygnes.

Shep ne quittait pas des yeux son profil ; il espérait que l'attraction silencieuse de son amour la ferait se tourner vers lui et le regarder de face.

— Je crois que je connais cette impression, dit-il.
— J'en doute...

Elle ne le regarda pas, et les petites rides apparurent à nouveau autour de sa bouche.

— ... J'espère du moins, dans votre intérêt, que vous ne la connaissez pas. C'est quelque chose que je ne souhaiterais à personne. C'est l'espèce d'illusion la plus stupide, la plus dévastatrice qui existe, et elle ne vous rapporte rien que des ennuis...

Il expira tout l'air de ses poumons et se laissa glisser au fond de son siège. Elle ne tenait pas vraiment à parler ; pas à lui, en tout cas. Elle avait simplement envie de prononcer des mots, de se sentir mieux en jouant les désenchantées, les blasées, et elle l'avait choisi pour auditeur. Elle ne comptait absolument pas sur lui pour participer à cette discussion, pour lui communiquer des idées ; elle lui attribuait le rôle du gros Shep muet et calme en attendant que la voiture fût dégagée, ou qu'elle eût obtenu tout le bénéfice qu'elle cherchait à tirer du son de sa propre voix. Ensuite il la ramènerait chez elle et, en route, elle prononcerait encore quelques phrases pleines de la sagesse du monde ; peut-être même se pencherait-elle vers lui pour lui donner un petit baiser de sœur sur la joue avant de s'extirper de la voiture, de claquer la portière et de se mettre au lit à côté de Frank Wheeler. Et, bon Dieu, que pouvait-il espérer d'autre ? Quand se déciderait-il enfin à grandir, à mûrir ?

— Shep ?...

Ses deux mains graciles, fraîches, s'étaient allongées vers l'une des mains de Shep, et un sourire espiègle vint transformer du tout au tout son visage incliné vers le sien.

— ... Oh, Shep... Allons-y !

Il crut qu'il allait s'évanouir.

— Aller où ?

— Là. Un jitterbug. Venez.

Steve Kovick touchait à l'apogée de la soirée. La Cabane en Bois allait fermer ; la plupart des clients étaient partis pour rentrer chez eux ; le patron comptait sa caisse ; et Steve, tel le héros de n'importe quel film d'Hollywood consacré au jazz, savait que, maintenant, son heure avait sonné.

La Fenêtre panoramique,
traduit par Robert Latour

Arthur Miller
Homely Girl, 1966

La brève cérémonie du rabbin était sans doute calculée pour ces temps de banqueroute. Les gens rognaient même sur ces adieux funéraires de pure routine pour retourner à leurs soucis quotidiens. Après la prière, l'homme des pompes funèbres, qui ressemblait à H. L. Mencken avec sa raie au milieu, fit jaillir ses manchettes amidonnées, ramassa la petite boîte cartonnée remplie de cendres et la tendit à son frère, le gros Herman, qui dans sa surprise la regarda comme si le tic-tac d'une bombe s'y faisait entendre. Puis ils sortirent dans la rue ensoleillée et chaude et marchèrent ensemble en direction du centre. L'épouse d'Herman, la boulotte Edna, se laissait régulièrement distancer pour regarder les vitrines de chausseurs, au reste rares parmi tous ces blocs désertés de Broadway. La moitié de New York semblait à louer. Des panneaux accrochés en permanence sur presque tous les immeubles annonçaient que des appartements étaient vides. Herman laissait retomber ses pieds comme un phoque et aspirait l'air bruyamment. « Regarde, tout le pâté de maisons, dit-il en faisant un geste large de la main.

— L'immobilier ne m'intéresse pas en ce moment, répondit Janice.

— Oh, cela ne t'intéresse pas ? Peut-être que manger t'intéresse ? Parce que c'est dans l'immobilier que papa a mis un bon tas de ton argent, mon petit. » Ils s'assirent dans la pénombre d'un bar irlandais de la 84ᵉ Rue en face de Broadway. Un ventilateur électrique leur soufflait dans le visage. « Tu es au courant ? Paraît que Roosevelt a la vérole.

— S'il te plaît, laisse-moi boire mon verre. » Bravant le rituel et la superstition capitaliste, elle portait une jupe beige, un chemisier de soie blanche et brillante, et des chaussures marron à hauts talons. Sam était absent : il avait dû aller à Syracuse pour participer à la vente aux enchères d'une importante bibliothèque. « Tu dois être le dernier juif républicain à New York », dit-elle.

La respiration sifflante, Herman, l'esprit ailleurs, déplaçait sur le comptoir la petite boîte comme si c'était la dernière pièce dans une partie d'échecs perdue ; il l'avançait de quelques centimètres, puis la reculait d'autant. Il sirotait sa bière en parlant d'Hitler, de l'intolérable chaleur de l'été, et de l'immobilier.

« Ces réfugiés qui débarquent sont en train d'acheter tout Amsterdam Avenue.

— Et alors ?

— On nous répète partout qu'on les opprime.

— Tu voudrais qu'on les opprime davantage ? Tu ne comprends donc rien ? Maintenant que Franco est victorieux, Hitler va attaquer la Russie et il y aura une guerre monstrueuse. Et toi, tu n'as que l'immobilier en tête.

— Et alors, qu'il attaque la Russie !

[...] Herman un après-midi vint voir comment elle vivait. Il avait perdu du poids. « Fini les trains, je prends l'avion maintenant. J'achète à Chicago. On peut rafler la moitié de la ville pour trois fois rien. » Il s'était assis et regardait, désapprobateur, la vue sur Broadway. « C'est un taudis. Sœurette, tu t'es déniché un taudis pour t'y gâcher l'existence. Qu'est-ce qui n'allait pas avec Sam ? Trop intellectuel ? Je croyais que tu aimais les intellectuels. Pourquoi ne viens-tu pas avec moi ? Nous créerions une compagnie. Partout dans les villes il y a des affaires formidables. En versant dix à quinze pour cent du prix d'un immeuble, nous devenons propriétaires, nous prenons une hypothèque pour le retaper, et nous augmentons le loyer à notre guise. Nous faisons un bénéfice de cinquante pour cent par rapport à notre mise.

— Qu'arrive-t-il aux gens qui habitent ces immeubles ?

— Ils paient un loyer raisonnable ou s'en vont ailleurs. C'est ça, l'économie. L'État-providence, c'est fini. Ça va être le grand boom, comme en 1920. Saute dans le train et fiche le camp de ce trou. » Herman avait maintenant des lunettes, quand il n'oubliait pas de les porter. Il les mit pour lui montrer. « Je vais avoir trente-six ans, ma petite, mais je me sens en grande forme. Et toi ?

— Je crois bien que je me sens heureuse, même si ce n'est pas encore la grande forme. Mais tu n'auras pas mon argent pour jeter des gens à la rue. Je regrette, mon chou. » Elle voulut changer de bas. Elle portait encore des bas de soie, car elle n'aimait pas le nylon qui collait à la peau. Elle essaya d'ouvrir un tiroir de la vieille commode. La poignée lui resta dans la main.

« Comment peux-tu vivre dans ce taudis où tout tombe en morceaux ?

— J'aime que tout tombe en morceaux. Cela sera plus facile pour moi quand ça m'arrivera à mon tour.

— À propos, tu n'as jamais retrouvé les cendres ?

— Pourquoi en parles-tu aujourd'hui ?

— Je ne sais pas. Je viens d'y penser parce que c'était son anniversaire en août dernier. » Herman se gratta la jambe et regarda par la fenêtre. « Il t'aurait donné le même conseil que moi. Les gens qui ont de la tête seront millionnaires d'ici cinq ans. L'immobilier est sous-évalué à New York et des milliers de personnes sont en quête d'appartements décents. J'ai besoin de quelqu'un en qui je puisse avoir confiance. D'ailleurs, que fais-tu de tes journées ? Je parle sérieusement,

Janice, tu as une tête bizarre. On a l'impression que tu ne peux plus te concentrer. Je me trompe ? »

Elle remontait un bas le long de sa jambe, en faisant bien attention que la couture reste droite. « Je ne veux pas concentrer mon esprit, je veux l'ouvrir à tout ce qui m'entoure. Est-ce que cela te paraît étrange ou déshonorant ? J'essaie de savoir ce que je dois faire pour vivre comme une personne. Je lis des livres, je lis des romans philosophiques comme ceux de Camus et Sartre, je lis des poètes morts comme Emily Dickinson ou Edna St. Vincent Millay et puis...

— Je n'ai pas l'impression que tu aies des amis. Je me trompe ?

— Pourquoi ? Les amis laissent des traces sur nous ? Peut-être ne suis-je pas mûre pour avoir des amis ? Peut-être ne suis-je pas encore vraiment née ? Les hindous ont cette croyance, tu sais – ils pensent que nous naissons et renaissons tout au long de notre vie, ou quelque chose de ce genre. La vie est dure pour moi, Herman. »

Les larmes lui étaient montées aux yeux. Ce personnage ridicule était son frère, la dernière personne au monde à qui elle aurait songé à faire ses confidences, et pourtant il était, de tous les gens qu'elle avait connus, celui en qui elle avait le plus confiance, si grotesque et ventripotent qu'il fût. Elle était assise sur son lit et le voyait dans la lumière oblique grise qui filtrait par la vitre sale. Une silhouette vague de jeune homme plein de projets et débordant d'une allègre convoitise.

« J'aime cette ville, dit-elle, sans savoir où elle voulait en venir. Je sais qu'on peut y être heureux, mais je ne sais pas encore comment. J'espère un jour trouver. » Elle alla vers l'autre fenêtre, tira le rideau de dentelle poussiéreuse et regarda Broadway à ses pieds. Elle pouvait respirer l'odeur de suie qui venait de la fenêtre. Une pluie fine avait commencé de tomber.

« Je vais acheter une nouvelle Cadillac.

— Elles ne sont pas gigantesques ? Comment peux-tu conduire ça ?

— C'est de la soie. Tu te sens flotter. Elles sont fabuleuses. Nous voulons essayer encore une fois d'avoir un enfant. Je ne veux pas d'une voiture qui secoue le ventre de ma femme.

— Es-tu vraiment aussi sûr de toi que tu le parais ?

— Absolument. Viens avec moi.

— Je ne crois pas que j'aie envie d'être aussi riche.

— Je vois que tu es restée communisante.

— En un sens, oui. Il y a quelque chose de pas bien, à vivre pour l'argent. Je ne veux pas commencer.

— Au moins débarrasse-toi des bons du Trésor et achète des actions. Tu perds de l'argent à chaque minute qui passe.

— Oui ? Comme je ne m'en rends pas compte, je m'en fiche. »

Herman se remit debout, boutonna son veston bleu, rajusta sa cravate et reprit le manteau qu'il avait laissé sur le dossier d'une chaise. « Jamais je ne te comprendrai, Janice.

— Nous sommes deux, Herman.

— Que vas-tu donc faire du reste de ta journée ? Seulement à titre d'exemple.

— D'exemple de quoi ?

— De ce que tu fais de tes journées.

— On donne de vieux films dans la 72e Rue. J'irai peut-être là. On passe un Garbo, je crois.

— Un après-midi de semaine...

— J'adore aller au cinéma quand il y a une petite pluie dehors.

— Tu ne veux pas venir dîner chez moi ?

— Non, mon chou. Cela pourrait secouer le ventre de ta femme. » Janice rit et embrassa vite son frère pour lui faire oublier ce que pouvait avoir de mordant sa remarque, à laquelle elle était aussi peu préparée que lui. La vérité est qu'elle ne désirait pas d'enfants. Jamais.

« Qu'est-ce que tu attends de la vie ? Tu sais ?

— Bien sûr, je sais.

— Quoi ?

— Du bon temps. »

Une fille quelconque,
traduit par André Zavriew

Ira Levin
Rosemary's Baby, 1967

Hutch, curieusement, essaya de les dissuader d'aller habiter là, sous prétexte que le Bramford[1] était une « zone dangereuse ».

Quand Rosemary était arrivée pour la première fois à New York, en juin 1962, elle avait partagé un appartement, en bas de Lexington Avenue, avec une autre jeune fille d'Omaha et deux amies qui venaient d'Atlanta. Hutch était leur voisin, et, bien qu'il eût toujours refusé de jouer le rôle de père de famille à plein temps que les filles voulaient lui imposer (il avait déjà élevé tout seul ses deux filles, ça suffisait comme ça, merci), il était toujours là quand quelque chose n'allait pas. La Nuit Où Quelqu'un Était Monté Par l'Escalier De Secours, Le Jour Où Jeanne Avait Failli

---

1. Pour son adaptation cinématographique de *Rosemary's Baby*, Roman Polanski a choisi de représenter le Bramford, l'imposant et sinistre immeuble où se déroule l'action du roman, en filmant le Dakota Building, tristement célèbre pour avoir été le lieu de résidence de John Lennon et celui où il a trouvé la mort.

S'étrangler, par exemple. Son vrai nom était Edward Hutchins, il était anglais et avait cinquante-quatre ans. Il écrivait sous trois pseudonymes différents trois séries différentes de romans d'aventures pour les jeunes.

Pour Rosemary aussi, il était venu à la rescousse, mais dans un autre domaine. Elle était la benjamine d'une famille de six enfants dont les aînés s'étaient mariés très jeunes et installés non loin de leurs parents. Elle avait laissé à Omaha un père méfiant et hostile à ses projets, une mère qui, avec elle, ne desserrait plus les dents, et quatre frères et sœurs qui lui faisaient la tête. (Seul le deuxième, Brian, qui avait des penchants pour l'alcoolisme, lui avait dit : « Vas-y, Rosy, fais ce que tu as envie de faire », et il lui avait glissé dans la main une pochette en matière plastique contenant quatre-vingt-cinq dollars.) Une fois à New York, Rosemary avait eu mauvaise conscience ; elle se reprochait son égoïsme, et Hutch avait dû lui remonter le moral avec quelques tasses de thé bien fort et quelques phrases bien senties sur les devoirs des parents et des enfants et la nécessité de ne pas se sacrifier. Elle osa lui poser des questions qui étaient inabordables dans son collège catholique. Il l'envoya suivre des cours du soir de philosophie à l'université de New York.

— Je ferai une duchesse de cette petite marchande de fleurs, disait-il.

Rosemary avait eu assez d'esprit pour répondre :
— Tu parles !

Maintenant, une fois par mois au moins Rosemary et Guy dînaient avec Hutch, tantôt chez eux, tantôt au restaurant quand c'était lui qui recevait. Guy trouvait Hutch un peu ennuyeux, mais il le traitait toujours amicalement ; sa femme avait été la cousine de Terence Rattigan, l'auteur dramatique, et Rattigan et Hutch étaient restés en rapport. Les relations étaient souvent un facteur décisif au théâtre, même au second degré, et Guy le savait bien.

Deux jours après avoir visité cet appartement, le jeudi suivant, Rosemary et Guy étaient allés dîner avec Hutch chez Klube, un petit restaurant allemand de la 23ᵉ Rue. Le mardi après-midi, comme Mrs Cortez leur demandait de lui indiquer trois personnes susceptibles de fournir des renseignements à leur sujet, ils lui avaient donné son nom. Hutch avait déjà reçu sa lettre et y avait répondu.

— J'avais bien envie de lui dire que vous étiez des drogués, des sadiques et des vandales, et que vous alliez saccager son appartement, dit-il. De quoi faire frémir un gérant d'immeuble.

Ils s'étonnèrent.

— Je ne sais pas si vous êtes au courant, dit-il en tartinant de beurre un petit pain, mais le Bramford avait une réputation plutôt fâcheuse, au début du siècle.

Il releva le nez, vit qu'ils n'étaient pas au courant, et poursuivit. (Il avait un visage large, luisant, des yeux bleus au regard vif, et quelques rares mèches de cheveux noirs soigneusement plaquées en travers de sa calvitie.)

— Indépendamment d'Isadora Duncan et de Theodore Dreiser, dit-il, le Bramford a abrité un nombre considérable de personnages beaucoup moins recommandables. C'est là que les Sœurs Trench exerçaient leur art culinaire particulier, et que Keith Kennedy tenait ses petites réunions. Adrian Marcato habitait là lui aussi ; et Pearl Ames.

— Qui étaient les Sœurs Trench ? demanda Guy.

— Qui était Adrian Marcato ? demandait Rosemary au même moment.

— Les Sœurs Trench, dit Hutch, deux vieilles dames très victoriennes et très respectables, étaient des cannibales distinguées. Elles ont fait cuire et ont mangé plusieurs petits enfants, y compris leur propre nièce.

— Charmant, dit Guy.

Hutch se tourna vers Rosemary :

— Adrian Marcato, lui, pratiquait la sorcellerie. Il fit même sensation, vers 1890, en annonçant qu'il avait réussi à invoquer Satan lui-même. Il alla jusqu'à montrer une poignée de poils et quelques bouts de griffes, et apparemment des gens l'ont cru. Du moins il y en eut suffisamment pour former un attroupement et le lyncher dans le hall d'entrée du Bramford.

— Vous plaisantez, dit Rosemary.

— Je suis très sérieux. Quelques années plus tard commença l'affaire Keith Kennedy, et vers les années 1920, la moitié des locataires avaient déserté l'immeuble.

— J'avais entendu parler de Keith Kennedy et de Pearl Ames, mais je ne savais pas qu'Adrian Marcato avait habité là lui aussi, dit Guy.

— Ni ces horribles sœurs, dit Rosemary avec un frisson.

— Ce ne fut qu'avec la Seconde Guerre mondiale, à cause de la pénurie de logements, que la maison se remplit de nouveau, dit Hutch, et maintenant elle a une certaine réputation d'immeuble ancien à haut standing. Mais dans les années 1920, on parlait du sinistre Bramford, et les gens raisonnables préféraient s'en tenir éloignés. Le melon est pour madame, c'est bien ça, Rosemary ?

Le garçon servit les hors-d'œuvre. Rosemary regarda Guy d'un air interrogateur ; il leva les sourcils et lui répondit par un petit signe de tête rapide qui voulait dire : *Ne t'inquiète pas, tout cela n'a pas d'importance.*

Le garçon s'éloigna.

— Depuis toujours, le Bramford a connu un nombre impressionnant d'accidents suspects et particulièrement atroces, poursuivit Hutch. Et même dans un passé qui n'est pas si éloigné. En 1959, on a trouvé dans les sous-sols le cadavre d'un nouveau-né enveloppé dans un journal.

— Mais… des choses aussi affreuses doivent bien arriver de temps en temps dans tous les immeubles, dit Rosemary.

— De temps en temps, dit Hutch. Mais le problème, c'est que justement, au Bramford, ces choses-là arrivent beaucoup plus souvent que « de temps en temps ». Il s'y passe aussi d'autres accidents moins spectaculaires. Par exemple, on y a relevé un nombre de suicides beaucoup plus élevé que dans des immeubles de même importance.

— Quelle en est la raison, Hutch ? dit Guy, feignant un air grave et soucieux. Il doit bien y avoir une explication.

Hutch le regarda un moment sans répondre. Puis il dit :

— Je ne sais pas. Peut-être tout simplement est-ce que la réputation des deux Sœurs Trench y a attiré un Adrian Marcato, que les histoires de celui-ci y ont attiré un Keith Kennedy, et c'est ainsi que de fil en aiguille une maison devient… une sorte de point de ralliement pour des gens plus prédisposés que d'autres à un comportement un peu particulier. À moins qu'il n'y ait des causes plus subtiles que nous ignorons encore… des champs magnétiques, des électrons, que sais-je, qui peuvent rendre un endroit littéralement maléfique. C'est un phénomène connu. Le Bramford n'est pas unique en son genre. Il y avait à Londres une maison, dans Praed Street, dans laquelle, en l'espace de soixante ans, eurent lieu successivement cinq assassinats. Chacun de ces crimes était absolument sans rapport avec les autres. Ni les assassins ni les victimes ne se connaissaient entre eux, et bien entendu aucun des meurtres ne fut commis pour le même mobile. Pourtant il y eut cinq meurtres en soixante ans. C'était une petite maison, avec une boutique au rez-de-chaussée et un appartement à l'étage au-dessus. Elle a été démolie en 1954. Sans raison urgente, apparemment, car pour autant que je sache on n'a rien reconstruit à sa place.

Rosemary creusait son melon avec sa petite cuillère.

— Il doit y avoir aussi des immeubles bénéfiques quelquefois, dit-elle. Des endroits où les gens deviennent tous amoureux, se marient, ont des enfants.

— Et deviennent célèbres, dit Guy.

— Il y en a sûrement, dit Hutch. Seulement on n'en entend jamais parler. C'est toujours autour des saloperies que se fait la publicité. (Il sourit à Rosemary et à Guy.) J'aimerais bien que vous vous trouviez un immeuble comme ça, vous deux, au lieu du Bramford, dit-il.

Rosemary laissa sa cuillerée de melon en l'air.

— Êtes-vous sérieusement en train d'essayer de nous dissuader d'y aller ? demanda-t-elle.

— Ma chère amie, dit Hutch, j'avais ce soir un rendez-vous des plus agréables avec une femme charmante, et je l'ai décommandé essentiellement pour vous voir et vous dire ce que je croyais bon de vous dire. Je suis sérieusement en train d'essayer de vous en dissuader.

— Mais Hutch, bon Dieu..., commença Guy.

— Je ne vous dis pas que vous allez recevoir un piano sur la tête dès que vous mettrez un pied dans le Bramford, ou que vous finirez dans la marmite d'une vieille dame ou transformés en statues sur un coin de cheminée. Tout ce que je vous dis, c'est que les faits sont là, et qu'il faut les prendre en considération au même titre que les avantages du loyer ou que la cheminée du living-room. Dans cette maison, les risques d'accidents inhabituels sont plus nombreux qu'ailleurs. Pourquoi vous exposer délibérément dans cette zone dangereuse ? Allez louer quelque chose au Dakota ou à l'Osborne, si vous tenez absolument à être logés dans un palace du XIXe siècle.

— Le Dakota est en copropriété, dit Rosemary, et l'Osborne va être démoli prochainement.

— Vous êtes sûr que vous n'exagérez pas un tout petit peu, Hutch ? dit Guy. S'est-il passé d'autres « accidents inhabituels » ces dernières années ? À part le cadavre de nouveau-né dans le sous-sol ?

— Un garçon d'ascenseur a été assassiné l'hiver dernier, dit Hutch. Dans des circonstances qu'on ne peut pas raconter à table. J'ai passé mon après-midi à la bibliothèque à compulser l'index du *Times*, et pendant trois heures j'ai regardé des microfilms ; voulez-vous que je vous en dise davantage ?

Rosemary regarda Guy. Il posa sa fourchette et s'essuya la bouche.

— C'est idiot, dit-il. D'accord, il s'est passé un grand nombre d'événements malheureux dans cette maison. Mais cela ne veut pas dire qu'il va s'en passer d'autres. Je ne vois pas pourquoi le Bramford serait un endroit plus dangereux que n'importe quel autre immeuble de la ville. Quand on joue à pile ou face, on peut très bien faire cinq faces coup sur coup ; cela ne veut pas dire qu'aux cinq coups suivants on va continuer à tomber sur face, et cela ne veut pas dire non plus que la pièce qu'on a lancée a quelque chose de différent des autres pièces. C'est une coïncidence, c'est tout.

— Si réellement il y avait un danger quelconque, dit Rosemary, est-ce qu'on ne l'aurait pas déjà démoli ? Comme cette maison à Londres ?

— La maison de Londres appartenait à la famille de la dernière victime, dit Hutch. Le Bramford, lui, appartient à la paroisse du quartier.

— Vous voyez bien, dit Guy en allumant une cigarette, nous sommes sous la protection divine.

— Elle n'est pas très efficace, dit Hutch.

Le garçon enleva les assiettes.

— Je ne savais pas qu'il appartenait à l'Église, dit Rosemary.

— Toute la ville, ma chérie, répondit Guy.

— Avez-vous essayé le Wyoming ? demanda Hutch. C'est dans le même quartier, je crois.

— Écoutez, Hutch, dit Rosemary, nous avons cherché partout. Il n'y a rien, absolument rien, sauf dans des immeubles modernes avec des pièces carrées, toutes exactement sur le même modèle, et des caméras de télévision dans l'ascenseur.

— Et c'est si terrible ? fit Hutch avec un sourire.

— Oui, dit Rosemary.

— Nous étions sur le point de louer un appartement de ce genre, ajouta Guy, mais nous nous sommes décommandés pour prendre celui-ci.

Hutch les considéra un instant sans rien dire, puis il se laissa retomber contre le dossier de sa chaise et frappa la table de ses deux mains grandes ouvertes.

— En voilà assez, dit-il. Je ne m'occuperai plus de ce qui ne me regarde pas ; c'est d'ailleurs par là que j'aurais dû commencer. Faites donc tous les feux de cheminée que vous voudrez dans votre grand living-room ! Je vous donnerai un verrou pour mettre à la porte et dorénavant je n'ouvrirai plus la bouche. Je suis un imbécile et je m'en excuse.

Rosemary sourit.

— Il y a déjà un verrou à la porte, dit-elle. Et même une chaîne de sûreté, et un « œil ».

— Eh bien, n'oublie pas de t'en servir, dit Hutch. Et ne t'amuse pas à galoper dans tous les corridors pour faire connaissance avec tes voisins. Tu n'es plus dans l'Iowa.

— À Omaha.

Le garçon apporta la viande.

L'après-midi du lundi suivant, Rosemary et Guy signèrent un bail de deux ans pour l'appartement 7E au Bramford. Ils remirent à Mrs Cortez un chèque de cinq cent quatre-vingt-trois dollars (un mois d'avance, plus un mois supplémentaire), et on leur annonça que s'ils voulaient, ils pourraient prendre possession de l'appartement avant le 1er septembre, étant donné qu'il allait être libre à la fin de la semaine et qu'on pourrait faire venir les peintres dès le mercredi 18.

Rosemary's Baby,
traduit par Élisabeth Janvier

Erica Jong
Fear of Flying, 1973

Entre parents et enfants, le cordon ombilical n'est pas une vaine attache, même hors du ventre maternel. Ils restent liés par des forces mystérieuses. Si ma génération doit vraiment passer son temps à vilipender les parents, la justice ne serait-elle pas d'accorder à ceux-ci le même temps de réponse ?

« Et dire que, sans vous, mes petites, j'aurais été une artiste célèbre ! » nous disait ma mère. Et je l'ai crue longtemps.

Naturellement, il y avait aussi le problème de son père : encore un artiste, et férocement jaloux de son talent ! Elle était allée à Paris pour lui échapper. Mais alors pourquoi, ensuite, revenir s'installer chez lui, à New York, et vivre avec lui jusqu'à la quarantaine ? Ils partageaient tous deux un atelier et, de temps à autre, le père peignait ses propres tableaux sur les toiles déjà peintes de la fille (sauf, bien entendu, s'il en avait lui-même de vierges). À Paris, elle avait donné dans le cubisme, et elle était en passe d'acquérir un style très personnel, dans la ligne d'une des tendances de l'époque ; mais Papa, pour qui la peinture commençait et finissait avec Rembrandt, s'était moqué d'elle jusqu'à ce qu'elle renonçât. Elle s'était contentée désormais d'être souvent enceinte. « Ces foutus modernes, c'est de la bave d'escargot, leur peinture ! disait Papa. De la couille et du toc ! »

Rien ne forçait ma mère à rester avec lui. Je le dis, sachant parfaitement que c'est un argument boomerang ; car, alors, peut-être ne serais-je jamais née.

Mes sœurs et moi, nous avons grandi dans un appartement démesuré : quatorze pièces sur Central Park Ouest. Il pleuvait à travers le toit (c'était le dernier étage) ; tous les plombs sautaient quand on mettait une tranche de pain dans le grille-pain ; les baignoires avaient le pied griffu et la tuyauterie crachait la rouille ; le fourneau de la cuisine ressemblait à ceux que l'on voit à la télévision, dans les publicités pour les Bonnes Confitures de Grand-Mère ; les châssis de fenêtres étaient si vieux, si rongés par je ne sais quelle maladie honteuse, que le vent sifflait à travers. Mais l'immeuble était « signé Stanford White » et l'appartement comportait « deux ateliers bonne exposition plein nord », une bibliothèque « entièrement lambrissée, avec fenêtres à petits carreaux sertis de plomb à l'ancienne », et dans le grand salon le plafond – « longueur treize mètres » – était « doré à la feuille pur or ». Toute mon enfance a résonné de ces formules immobilières. « À la feuille pur or »…

J'imaginais une feuille d'érable en or. Mais comment s'y prenait-on pour coller ça au plafond ? Et pourquoi ça ne ressemblait-il pas à de vraies feuilles ? Ou peut-être est-ce qu'on les broyait, les feuilles, pour en faire de la peinture ? Et des « pur or », où pouvait-on bien en ramasser ou en cueillir ? Est-ce qu'elles poussaient sur des arbres en pur or aussi ? Même les branches et les rameaux ?

J'étais de ces gosses qui connaissent des mots comme « rameau ». En fait, il y avait dans la bibliothèque de mes parents un gros livre imprimé très serré et intitulé *Le Rameau d'or*. Et je tournais en vain ses pages dans l'espoir d'y trouver trace ou mention de « feuilles en pur or ». Au lieu de cela, c'était plein de trucs cochons.

[...] Je vivais dans un monde peuplé de fantômes. J'avais des amours imaginaires avec des poètes dont je lisais régulièrement les poèmes dans ces fameuses revues. Certains noms finissaient presque par prendre les apparences de la vie à mes yeux. Je lisais les notices biographiques des écrivains et j'avais le sentiment de les connaître. Curieux, le degré d'intimité que l'on peut atteindre, avec quelqu'un que l'on n'a jamais rencontré – et combien l'on peut aussi se tromper dans ses impressions. Plus tard, quand, rentrée à New York, je publiai mes premiers poèmes, j'ai rencontré certains de ces porteurs de nom magique. La plupart n'avaient rien de commun avec l'image que je m'étais faite d'eux. Tel, qui faisait figure de bel esprit, noir sur blanc, pouvait fort bien n'être qu'un abruti dans la réalité. Tel autre, auteur de poèmes lugubres sur la mort, se révélait être plein de chaleur et de drôlerie dans la vie. Et cet écrivain charmant ? L'homme le moins charmant du monde. Ce romancier généreux, altruiste, compatissant : la pingrerie, la dureté, l'envie incarnées… Non que ce fût la règle générale ; mais, d'ordinaire, le personnage en chair et en os réservait des surprises. Rien n'est plus dangereux que de juger la nature d'un écrivain sur ses écrits.

Mais toute cette réalité s'est fait jour plus tard. À mon époque heidelbergienne, je nageais dans un monde littéraire de mon invention qui, fort agréablement, était très loin de la réalité sordide. Mes curieux rapports avec le *New Yorker* en sont l'illustration.

À l'époque dont je parle, le *New Yorker* (entre autres imprimés « ordinaires ») traversait l'Atlantique par bateau. C'était probablement pourquoi ce magazine arrivait toujours par gros paquets de trois ou quatre numéros (tous vieux d'au moins trois semaines). Et j'arrachais les bandes qui les entouraient dans un état de transe. J'observais tout un rituel pour aborder ce magazine, lui-même imbu de ses propres rites. Il n'avait pas de sommaire, en ce temps-là – ce qui était le type même du snobisme à rebours des blablas habituels, avec leur accompagnement d'« accroches » et de fausses modesties. Je plongeais dans le tas, en commençant par la fin et en cherchant d'abord les signatures au bas des grands articles, puis en passant au crible les noms d'auteur en tête des nouvelles et en parcourant, haletante, les poèmes. Tout cela, le cœur battant et le front et les paumes moites de sueur froide, dans la terreur de tomber peut-être sur un poème, une nouvelle, un article de quelqu'un que je *connusse* – quelqu'un qui passait autrefois pour un idiot ou une idiote à l'université, ou pour un voleur ou une voleuse d'idées, ou encore qui alliât à l'un ou l'autre de ces traits l'avantage d'être *plus jeune* que moi, fût-ce d'un ou deux mois.

Non seulement je lisais le *New Yorker* – je le vivais. Je m'étais fabriqué un petit monde « à la *New Yorker* » et à mon usage personnel (situé quelque part à l'est de Westport et à l'ouest des Cotswolds), où Peter De Vries (jouant doucement avec les mots) brandissait éternellement la même chope de bière brune (Piesporter), tandis que Niccolò Tucci (en smoking de velours prune) flirtait en italien avec Muriel Spark, que Nabokov sirotait un très vieux porto dans un verre à prisme et à pied (un de ces papillons dits « vulcains » perché sur le petit doigt), et que John Updike, après avoir trébuché sur les chaussures suisses du Maître, se confondait en excuses charmantes et répétait à satiété que tous les écrivains de langue anglaise jouissant actuellement de la nationalité américaine ne sont que pâleur lunaire à côté de l'astre Nabokov. Pendant ce temps, les littérateurs de l'Inde, agglutinés dans un coin, pendja(b)cassaient à tout-va, dans une Babel d'accents à la Peter Sellers, et les mémorialistes irlandais (en chandail de marin et l'haleine fleurant le whiskey) s'employaient activement à snubber leurs confrères anglais (très pincés dans leurs tweeds).

Bien sûr, je m'étais bâti des mythes autour d'autres magazines et publications littéraires ; mais, depuis l'enfance, je vouais un culte tout particulier au *New Yorker*. La revue *Commentary*, par exemple, s'incarnait pour moi dans des réunions assez minables, où des Sémites au teint bilieux – et répondant tous au nom d'Irving – se répandaient entre eux en jérémiades devant le mur des lamentations de la Condition Juive, de la Négritude et de la Prise de Conscience, tout en piochant ferme dans les saladiers d'émincé de foie et les plats de saumon fumé. Ces soirées m'amusaient, mais c'était au *New Yorker* que je réservais ma religion. Jamais je n'aurais osé soumettre à son aréopage mes misérables tentatives littéraires. D'où mon étonnement scandalisé, quand il m'arrivait de rencontrer une « connaissance » dans les pages du magazine.

Le Complexe d'Icare,
traduit par Georges Belmont

Tom Wolfe

The Bonfire of the Vanities, 1987

Pourquoi cela ? Parce qu'eux, le Pouvoir, le Pouvoir qui régissait le Bronx, ils étaient terrifiés ! Ils étaient terrifiés à l'idée de sortir au cœur du Bronx pour aller déjeuner dans un restaurant ! Terrifiés ! Et ils régentaient cet endroit, ce Bronx, un quartier de plus d'un million d'âmes. Le cœur du Bronx était dans un tel état de décrépitude qu'il n'existait plus rien qui ressemblât un tant soit peu à un restaurant d'affaires. Mais même si cela avait été, quel juge, quel procureur, quel substitut, quel garde, même avec un 38 spécial, aurait quitté Gibraltar à l'heure du déjeuner pour y aller ? D'abord, il y avait la peur, brute. Vous sortiez du Building du Comté du Bronx sur le Grand Concourse et descendiez la pente de la 161e Rue jusqu'au siège du Tribunal, une distance d'un bloc et demi, si vous aviez à le faire, mais le prudent rouage du Pouvoir ne gardait pas ses yeux dans sa poche. Il y avait des agressions en haut sur le Grand Concourse, ce chef-d'œuvre d'ornementation du Bronx, à 11 heures du matin par beau temps. Et pourquoi pas ? Il y a plus de portefeuilles et de sacs à main au milieu de la journée, quand le soleil brille. Vous ne dépassiez jamais le bâtiment du Palais de Justice. Il existait des substituts du procureur qui avaient travaillé à Gibraltar pendant dix ans et qui n'auraient pas su vous dire, même en pariant ce qu'il y avait dans la 162e ou 163e Rue, à un bloc du Grand Concourse. Ils n'avaient jamais mis les pieds au musée d'Art moderne du Bronx sur la 164e Rue. Mais supposons que vous n'ayez pas cette peur-là. Il en restait pourtant une autre, bien plus subtile. Vous étiez un étranger dans les rues du 44e district, et vous le saviez tout de suite, à chaque fois que le Destin vous jetait dans *leur* territoire. Les regards ! Les regards ! La méfiance mortelle ! Vous n'étiez pas désiré. Vous n'étiez pas bienvenu. Gibraltar et le Pouvoir appartenaient au parti démocrate du Bronx, aux Juifs et aux Italiens, spécifiquement, mais les rues appartenaient aux Lockwood, aux Arthur Rivera, aux Jimmy Dollard, aux Otis Blakemore et aux Herbert 92 X.

Cette pensée déprimait Kramer. Ils étaient là, lui et Andriutti, le Juif et l'Italien, bouffant leurs sandwiches, livrés au palais, à l'intérieur de la forteresse, dans ce roc de calcaire. Et pour quoi ? Qu'est-ce qu'ils avaient à attendre ? Comment cette mise en scène pourrait-elle durer assez longtemps pour qu'ils puissent atteindre le haut de la pyramide, en supposant que ce haut en vaille la peine ? Tôt ou tard, les Portoricains et les Noirs s'uniraient politiquement et s'empareraient même de Gibraltar et de tout son contenu. Et en attendant, qu'est-ce qu'il pouvait bien faire ? Il remuerait la merde... remuer la merde... jusqu'à ce qu'ils lui enlèvent son bâton.

[...] Fallow n'avait aucune peur physique dans le métro de New York. Il aimait à se considérer comme un type dur, et jusqu'à aujourd'hui, rien de désagréable ne lui était jamais arrivé dans le métro. Non. Ce qu'il craignait – et cela équivalait à une véritable peur –, c'était la misère. Descendre les marches de la station de l'Hôtel de Ville avec toutes ces ombres de pauvres gens, c'était comme descendre, volontairement, l'escalier d'un donjon, un donjon très sale et très bruyant. Il y avait du béton grisâtre et des barreaux noirs partout, cage après cage, étage après étage, comme un délire entrevu à travers des barreaux dans toutes les directions. À chaque fois qu'une rame arrivait ou quittait la station, il y avait un cri d'agonie métallique, comme si quelque squelette d'acier géant était démantibulé par un levier d'une incroyable puissance. Comment se faisait-il que dans ce pays si bien engraissé, avec ses étalages obscènes de richesse et son obsession plus obscène encore pour le confort des gens, comment se faisait-il qu'ils soient incapables de créer un métro aussi calme, ordonné, présentable – et disons décent – que celui de Londres ?

Parce qu'ils étaient puérils. Tant qu'il s'agissait de sous terre, hors de vue, peu importait à quoi cela ressemblait.

Fallow pouvait trouver une place assise à cette heure, si on pouvait appeler place cet espace étroit sur un banc de plastique. Dans son champ de vision, les cadavres flous d'une tonne des habituels graffitis, les habituelles ombres de pauvres gens, avec leurs vêtements bruns et gris, et leurs tennis – sauf deux, juste en face de lui, un homme et un garçon. L'homme, qui devait avoir la quarantaine, était petit et râblé. Il portait un costume gris à fines raies couleur craie, qui avait l'air cher et de très bon goût, une chemise blanche impeccable, et, pour un Américain, une cravate discrète. Il portait également une paire de chaussures noires, belles, bien faites et bien cirées. Les Américains, d'habitude, ruinaient un ensemble presque présentable en portant de grosses godasses minables et mal entretenues. (Ils voyaient rarement leurs propres pieds, et donc, puérils, ils se souciaient rarement de leur apparence.) Entre ses pieds, un attaché-case de cuir noir, visiblement assez cher. Il se penchait pour parler à l'oreille du garçon, qui devait avoir huit ou neuf ans. Le garçon portait un blazer bleu marine, une chemise blanche et une cravate à rayures. Tout en parlant au garçon, l'homme regardait tout autour et remuait la main droite. Fallow se disait que ce devait être un type qui travaillait à Wall Street et qui avait fait venir son fils au bureau pour qu'il le visite, et que maintenant, dans le métro, il soulignait pour lui les arcanes de ce donjon en mouvement.

L'esprit ailleurs, il les regardait, tandis que la rame prenait de la vitesse et s'installait dans le balancement bruyant et bringuebalant de son trajet vers le haut de la ville. Fallow voyait son propre père. Un pauvre arbuste, un pauvre petit bonhomme qui avait eu un fils baptisé Peter, un pauvre petit raté assis dans ses meubles bohème dans sa maison en ruine de Canterbury... Et que suis-je, songea Fallow, assis dans ce donjon roulant dans cette ville de dingues dans ce pays de fous ? Un verre... Mon royaume pour un verre... Une autre vague de désespoir le submergea... Il baissa la tête, regarda ses manches. Il pouvait voir comme elles étaient lustrées, même sous cette misérable lumière. Il avait glissé... Plus bas que la bohème... Le mot affreux éclata dans sa tête : *miteux*.

[...] — Viens voir, dit Weiss.

Il se leva de son grand fauteuil et s'approcha de la fenêtre derrière lui, faisant signe à Kramer de s'approcher. De là, du sixième étage, en haut de la colline, la vue était grandiose. Ils étaient assez haut pour que tous les détails sordides disparaissent et que la ravissante topologie arrondie du Bronx se montre. Ils dominaient le Yankee Stadium et le parc John Mullaly, qui, d'aussi haut, avait l'air vraiment vert et sylvestre. Au loin, droit en face, de l'autre côté de Harlem River, on voyait la découpe de Manhattan sur fond de ciel, là où se trouvait le Centre médical presbytérien de Columbia, et d'ici, cela avait l'air pastoral, comme un de ces vieux paysages où ils mettent des arbres un peu flous à l'arrière-plan et quelques doux nuages gris diffus.

Weiss dit :

— Regarde ces rues, en bas, Larry. Qu'est-ce que tu vois ? *Qui* tu vois ?

Tout ce que Kramer pouvait voir, en fait, c'étaient de petites silhouettes qui descendaient la 161ᵉ Rue et Walton Avenue. Elles étaient si loin en bas qu'on aurait dit des insectes.

— Ils sont tous noirs et portoricains, dit Weiss. Tu ne vois même plus un seul vieux Juif dans le coin, ni aucun Italien, et c'est le centre administratif du Bronx. C'est comme Montague Street dans Brooklyn ou la place de l'Hôtel de Ville dans Manhattan. L'été, les Juifs avaient l'habitude de s'asseoir là, sur les trottoirs le soir, juste là, sur le Grand Concourse, rien que pour regarder passer les voitures. Maintenant, t'arriverais pas à y faire asseoir Charles Bronson. C'est l'ère moderne et personne ne le comprend encore. Quand j'étais petit, les Irlandais régnaient sur le Bronx. Ils ont régné longtemps. Tu te souviens de Charlie Buckley ? Charlie Buckley, le député ? Non, t'es trop jeune. Charlie Buckley, le Boss du Bronx, aussi irlandais que possible. Il y a trente ans à peine, Charlie Buckley régentait encore le Bronx. Et maintenant ils sont finis, et alors, qui est-ce qui règne ? Des Juifs et des Italiens. Mais pour combien de temps encore ? Il y en a pas un en bas, là, dans la rue, et donc combien de temps est-ce qu'ils vont rester, ici dans ce bâtiment ? Mais c'est le Bronx, le Laboratoire des Relations Humaines. C'est comme ça que je l'appelle, le Laboratoire des Relations Humaines. Ce sont des pauvres que tu vois, là, en bas, et de la pauvreté naît le crime, Larry, et la criminalité dans ce quartier – bon, j'ai pas à te le dire. J'ai une partie de moi qui est très idéaliste. Je voudrais traiter chaque affaire sur une base individuelle et chaque personne une par une. Mais, avec le tas d'affaires qu'on a ? Aïïe ! Aïïe... L'autre partie de moi sait ce que nous faisons réellement, nous sommes comme une petite bande de cow-boys qui mènent un troupeau. Avec un troupeau, le mieux que tu puisses espérer est de garder la horde comme *un tout* – il fit un grand geste arrondi avec ses mains – entièrement sous contrôle et espérer que tu vas pas en perdre trop en route. Oh, un jour viendra, et sans doute très bientôt, où ces gens en bas auront leurs propres *leaders* et leurs propres organisations et ils seront le parti démocrate du Bronx et tout et tout, et nous ne serons plus dans ce bâtiment. Mais pour l'instant, ils ont besoin de nous et nous devons faire les trucs justes pour eux. Nous devons leur faire savoir que nous ne sommes pas éloignés d'eux et qu'ils font autant partie de New York que nous. Nous devons leur envoyer les bons signaux. Nous devons leur faire savoir que peut-être nous sommes durs avec eux quand ils dépassent les limites, mais que ce n'est pas parce qu'ils sont noirs ou hispaniques ou pauvres. Nous devons leur faire savoir que la Justice est vraiment aveugle. Nous devons leur faire savoir que si tu es blanc et riche, ça marche pareil. C'est un signal très important. C'est plus important qu'aucun point spécifique ou aucune technicité de la Loi. C'est à ça que sert ce bureau, Larry. Nous ne sommes pas là pour nous occuper d'affaires, nous sommes là pour créer l'espoir. C'est ce que Bernie ne comprend pas. (Le « *ne* comprend pas », plutôt que le « comprend pas » des Irlandais, signalait l'élévation des pensées du procureur à cet instant.) Bernie joue toujours la politique irlandaise, dit Weiss, comme Charlie Buckley la jouait avant, et c'est terminé. C'est fini, tout ça. Nous sommes dans l'ère moderne et dans le Laboratoire des Relations Humaines, et nous avons prêté serment de représenter ces gens que tu vois, là, en bas.

Le Bûcher des vanités,
traduit par Benjamin Legrand

Saul Bellow
A Theft, 1989

Dans le taxi – l'une des dix mille automobiles avançant au pas vers les quartiers du centre – elle renversa en arrière son long cou pour le soulager du poids de sa tête et maîtriser le chaos de ses pensées tourbillonnantes. Ces bouches de chaleur de Madison Avenue, ces foules pléthoriques, ces véhicules superflus, transportant des oisifs en train de faire des courses ou de vieilles gens sans autre but que d'échapper à leur réclusion ou d'aller embêter quelqu'un ! Clara étouffait devant tous ces obstacles qui la retardaient. Mentalement, elle faisait exploser des moteurs, descendait aux carrefours pour arracher les feux rouges avec une force terrible. Cinq des trente minutes que Gina pouvait lui accorder étaient déjà fichues. À deux pâtés d'immeubles du Westbury, incapable de supporter la circulation, elle sauta du taxi et fit le reste du trajet au pas de course, ses genoux frottant l'un contre l'autre, comme toujours lorsqu'elle se dépêchait.

Elle franchit la porte tambour et là, dans l'entrée, voici que Gina Wegman se levait d'un fauteuil, que cette fille était belle sous son chapeau rond de paille noire et luisante, garni d'une petite voilette qui lui tombait sur le nez ! Elle ne cherchait pas à se donner une mine contrite, avec cette robe qui mettait bien en valeur son buste et ses fesses rondes. Mais elle n'était pas provocante non plus. Animée, oui, et brillante. Elle s'avança vers Clara d'un geste affectueux, et lorsqu'elles s'embrassèrent, Clara ressentit un peu ce qu'un homme passionné pourrait éprouver pour une telle jeune fille.

Tout en expliquant son retard, elle se reprocha le choix de la robe qu'elle avait mise ce jour-là – ces grandes fleurs étaient une erreur, une faute de goût, une mauvaise inspiration.

Les deux femmes s'installèrent dans la salle. Aussitôt elles furent assaillies par un de ces serveurs envahissants de New York. Clara ne perdit pas de temps avec lui. Elle commanda des Campari et, tandis qu'il enregistrait la commande, dit : « Apportez-les et après ça ne nous dérangez pas. Nous avons à discuter. » Puis elle se pencha vers Gina – deux belles chevelures, deux coiffures différentes. La jeune fille releva sa voilette.

— À présent, Gina, *expliquez*-moi, dit Clara.

— La bague est superbe à votre doigt. Je me réjouis de l'y voir.

Ce n'était plus la jeune fille au pair attendant qu'on lui parle, elle avait une tout autre attitude, d'égal à égal, et même plus. L'Amérique l'avait changée.

— Comment l'avez-vous replacée dans l'appartement ?

— Où l'avez-vous trouvée ?

— Mais qu'est-ce que ça veut dire ! s'écria Clara, reprenant, à sa propre surprise, le ton niais, chargé de soupçon et d'agressivité, de la campagnarde. Elle était sur ma table de nuit !

— Parfait !

— Il y a une chose dont je m'en veux terriblement, c'est de vous avoir imposé cette tâche difficile, pour ne pas dire impossible. L'autre solution aurait consisté à mettre l'affaire entre les mains de la police. Je suppose que vous savez maintenant que Frédéric a un casier judiciaire – pas de délits graves, mais il a été détenu à Rikers Island et dans la prison du Bronx. Si j'avais appelé la police, vous auriez eu des ennuis, les tracas d'une enquête, et je m'y suis refusée.

Elle posa la main sur ses genoux et prit conscience de leur alarmante saillie.

Gina ne parut pas gênée par cette allusion à Rikers Island. Elle avait dû prendre la décision de ne pas l'être.

Clara ne saurait jamais ce qui s'était passé avec Frédéric. Gina se borna à reconnaître que son ami avait pris la bague :

— Il a dit qu'il était en train de visiter l'appartement...

Imaginer un homme comme ça, lubrique et kleptomane, en liberté chez moi ! pensa Clara.

— Il a aperçu la bague, et alors il l'a fourrée dans sa poche, sans même y penser. Je lui ai dit qu'elle vous avait été offerte par un homme que vous aimiez, qui vous aimait. (Donc elle avait bien saisi qu'il s'agissait d'amour !) Je me sentais responsable puisque je l'avais introduit dans la maison.

— Il a dû être ahuri, j'imagine.

— Il a dit que les habitants de Park Avenue étaient stupides. Ils veulent s'éviter des soucis et se fient au système de sécurité pour leur protection. Mais une fois ces barrages franchis, eh bien, ils se retrouvent aussi démunis que des poussins. Encore heureux s'ils ne se font pas assassiner. Ils sont sans défense.

Le regard de Clara était lumineux et grave. Son nez retroussé ajoutait une note de causticité à son expression. Elle dit :

— Je vois. Dans mon propre appartement, il ne me semblait pas nécessaire de mettre sous clef mes objets précieux. Mais il se peut qu'il ait raison pour Park Avenue. Ses habitants appartiennent à une classe sociale qui refuse de réfléchir et récuse l'évidence. C'est par conséquent une chance que quelqu'un de plus vicieux que Frédéric ne se soit pas introduit chez moi. Peut-être les Haïtiens sont-ils plus insouciants que d'autres individus de Harlem ou du Bronx.

— Et vous, vous faites partie de cette classe-là ?

— Oui, répondit Clara.

Elle avait de nouveau les yeux grands ouverts et songeait avec amertume : *Mon Dieu, à quoi mes enfants vont-elles devoir faire face !* Tout haut elle ajouta :

— Je devrais être reconnaissante à cet homme de s'être contenté de voler, si je comprends bien !

— Nous n'avons pas le temps d'aborder cet aspect des choses.

Ces minutes dans le bar semblaient s'écouler suivant un plan fixé par Gina. Pas question de parler de Frédéric. Clara eut soudain envie de la tancer vertement. Oui, Gina ressemblait à la femme de plaisir du Livre des Proverbes, qui mange et boit, puis s'essuie la bouche pour effacer toute trace de luxure. Mais Clara se sentit incapable de s'abandonner à ce mouvement d'humeur. Qui pouvait savoir comment la jeune fille s'était fait entuber, comment elle se débrouillait, ce qu'elle avait dû faire pour récupérer la bague ? Je lui suis redevable. D'ailleurs, avec les enfants, elle s'était montrée digne de confiance. Alors, faisons le point. Gina a de l'orgueil. Cette jeune fille de la bourgeoisie viennoise a osé affronter la scène new-yorkaise. Cela suppose une certaine dose de confiance en soi. Je ne vais pas lui faire le coup de la femme de plaisir. Au diable l'Ancien Testament ! Après tout, ma carte de Noël d'Attica me parvient toujours régulièrement. Cette fille se devait à elle-même, avant d'épouser l'employé de la banque de son papa, de connaître quelques émotions, et Gogmagogville est l'endroit idéal pour ça. Le docteur Gladstone aurait pu faire remarquer à Clara que ses pensées se teintaient d'hostilité – peut-être était-elle jalouse de sa jeunesse. Mais elle ne le croyait pas. Personne, absolument personne, ne peut résister aux tentations modernes. (Essayez d'imprimer vos propres billets et voyez ce que vous pourrez obtenir avec.) Elle continuait de penser que son affection pour la jeune fille n'était pas mal placée.

— Êtes-vous sûre de vouloir retourner en Autriche, envisageriez-vous de rester ?

— Pourquoi resterais-je ?

— Je me posais simplement la question. Si vous souhaitiez une autre expérience de l'Amérique, vous pourriez la trouver à Washington, D.C.

— Que ferais-je là-bas ?

— Un travail sérieux. Et ne soyez pas rebutée par le mot « sérieux » ; ça n'aurait rien d'ennuyeux. J'ai fait moi-même ce genre de boulot à Cortina d'Ampezzo il y a des années et j'ai passé un des étés les plus formidables de ma vie. L'ami de Washington pour qui j'ai effectué ce travail est sans doute un crack de l'histoire politique américaine. À mon avis, il existe peu d'êtres capables comme lui de mettre l'avenir en équation. Si vous le rencontriez, vous conviendriez que c'est un homme fascinant...

Un larcin, traduit par Claire Malroux

Michael Chabon

The Amazing Adventures of Kavalier & Clay, 2000

Il remonta la Huitième Rue à pied jusqu'à Christopher Street, puis gagna le fleuve, se faufilant tel un pickpocket dans la foule qui venait de descendre des ferries en provenance du New Jersey : hommes aux mâchoires serrées, avec chapeau rigide, costume et chaussures obsidienne, le journal coincé sous le bras ; femmes brusques aux lèvres rouge brique, en robes fleuries et talons durs. Tous se ruaient pour dévaler les rampes et arriver dans Christopher, puis se dispersaient telles des gouttes de pluie chassées par le vent sur une vitre. Bousculé, demandant pardon, se confondant en excuses quand il heurtait les autres, à demi submergé par les âcres miasmes de fumée de cigare et les violents accès de toux qu'ils apportaient avec eux de l'autre rive, Joe faillit renoncer et rebrousser chemin.

Mais il déboucha alors devant l'énorme hangar à la peinture écaillée qui desservait les ferries du Delaware, de Lackawanna et du Western Railroad, côté Manhattan. C'était une ancienne grange imposante, dont le haut pignon central était doté de l'improbable fronton harmonieux d'une pagode chinoise. Les passagers qui débarquaient ici du New Jersey gardaient un petit souvenir du vent et de leur aventure : chapeaux de travers, cravates en bataille. L'odeur de l'Hudson imprégnant les lieux remuait en Joe des souvenirs de la Moldau. Les ferries eux-mêmes le distrayaient. C'étaient des bâtiments larges et bas sur l'eau, recourbés aux deux extrémités comme des chapeaux cabossés, qui traînaient après eux les pompeux flots de fumée noire vomis par leurs majestueuses cheminées. À la vue de la paire de grosses timoneries situées de chaque côté des bateaux, Joe descendait en imagination le Mississippi hanté par les ours jusqu'à La Nouvelle-Orléans.

Planté sur le pont avant, son chapeau à la main, il scrutait la brume, tandis que le terminus de la DL&W et les toits rouges peu élevés de Hoboken se rapprochaient. Il inspira la fumée de charbon et une bouffée d'air salé, bien réveillé et empreint de l'optimisme du voyage. L'eau changeait de couleur par bandes allant du vert-de-gris au café glacé. Le fleuve était aussi encombré que les rues elles-mêmes : barges débordant d'ordures et grouillant de goélands ; tankers aux cales remplies de pétrole, de kérosène ou d'huile de lin ; cargos noirs anonymes et, au loin, à la fois émouvant et terrible, le magnifique vapeur de la Holland America Line, au bras du fier remorqueur qui lui servait d'escorte, hautain, distant. Derrière Joe s'étalait le fouillis aussi régulier qu'erratique de Manhattan, espacé comme la superstructure d'un pont suspendu entre les hautes piles du centre-ville et de Wall Street.

À un moment, vers la moitié de la traversée, il eut une vision qui lui redonna espoir. Les folles flèches d'Ellis Island et la tour élégante du New Jersey Central terminus entrèrent en conjonction, se fondant pour former une espèce de couronne rouge recourbée. L'espace d'un instant, ce fut comme si Prague flottait devant ses yeux, juste au large des quais de Jersey City, dans les reflets de la brume d'automne, même pas à trois kilomètres de là.

Il savait bien que les chances d'une apparition soudaine de sa famille, indemne, sans tambour ni trompette, en haut de la passerelle du *Rotterdam*, étaient nulles. Mais à Hoboken, alors qu'il descendait River Street et longeait les bars rustiques et les hôtels bon marché réservés aux marins pour atteindre l'embarcadère de la Huitième Rue, en compagnie de toutes les autres personnes venues attendre l'arrivée de leurs êtres chers, Joe s'aperçut qu'il ne pouvait empêcher une petite flamme de s'allumer dans sa poitrine. Quand il fut parvenu à l'embarcadère, celui-ci semblait grouiller de centaines d'hommes, de femmes et d'enfants qui criaient et s'étreignaient. Il y avait une rangée étincelante de taxis, il y avait des limousines noires. Des porteurs circulaient bruyamment avec leurs diables, en braillant « Porteur ! » avec une délectation d'opéra bouffe. L'élégant bâtiment noir et blanc de 24 170 tonneaux se dressait telle une montagne en smoking.

Joe vit plusieurs familles réunies. Quelques-unes d'entre elles semblaient avoir été séparées par un simple désir de voyager. Elles venaient des pays en guerre. Il entendait parler allemand, français, yiddish, polonais, russe, tchèque même. Deux hommes dont Joe ne parvint pas à deviner la relation exacte, mais dont il décida finalement qu'ils devaient être frères, passèrent à côté de lui en se tenant par le cou. L'un disait à l'autre avec une joyeuse sollicitude : « La première chose à faire, mon salaud, c'est te bourrer la gueule ! » De temps à autre, l'attention de Joe était distraite par le spectacle d'un couple qui s'embrassait ou par des individus d'allure vaguement officielle qui échangeaient une poignée de main, mais, le plus souvent, il observait les familles. C'était une vision incroyablement réconfortante ; il s'étonnait de ne pas avoir pensé plus tôt à venir ici attendre le *Rotterdam*. Il se sentait exclu et profondément envieux, mais le sentiment qui dominait chez lui, c'était le désir lancinant du bonheur qui accompagnait ces réunions. C'était comme humer un vin qu'il ne pouvait pas boire. Il ne l'en enivrait pas moins.

En regardant les passagers émerger de dessous la tente rayée de la passerelle, il fut surpris de reconnaître le docteur Emil Kavalier. Son père apparut dans l'écart entre deux vieilles dames ; il louchait avec des airs de myope derrière les verres en mica de ses lunettes, la tête penchée légèrement en arrière, scrutant les visages, en quête d'un en particulier, c'était celui de Joe, oui, il s'élança dans cette direction, un sourire s'épanouit sur sa figure. Mais il fut enveloppé par une grande blonde en pelisse de loup gris. Ce n'était pas du tout son père. Le sourire, sinon la femme, ne cadrait pas. L'homme remarqua le regard de Joe et, au moment où il passait avec sa maîtresse, il porta la main à son chapeau et inclina la tête d'un geste qui, une fois de plus, était étrangement identique à celui du père de Joe. Le trille désespéré du sifflement d'un solliciteur donna à Joe un frisson dans le dos.

À son retour en ville, même s'il était en retard pour son rendez-vous, il se rendit à pied de Christopher Street à Battery. Il reniflait, et ses oreilles lui brûlaient de froid, mais le soleil était tiède. Il avait surmonté sa crise de panique du métro, le désespoir provoqué par les nouvelles de Vichy et sa rancœur contre la prospérité d'Anapol. Il acheta une banane à un étal de fruits, puis une autre quelques rues plus loin. Il avait toujours énormément aimé les bananes ; elles constituaient la seule gâterie de sa soudaine fortune. Le temps qu'il arrive au consulat d'Allemagne de Whitehall Street, il avait dix minutes de retard, mais il se dit que tout irait bien. Ce n'était qu'une affaire de paperasse, et la secrétaire serait sans doute capable de traiter le problème elle-même. Joe n'avait peut-être même pas besoin de voir l'adjudant major.

[...] Sur ces entrefaites, Joe alla se chercher des ennuis. Sans raison, il se mit à monter tous les jours à Yorkville, où il y avait beaucoup de bars à bière allemands, de tavernes allemandes, d'associations amicales allemandes et de Germano-Américains. Le plus souvent, il se bornait à rôder un moment dans les parages et rentrait de ses expéditions sans incident, mais une chose en entraînait parfois une autre. Les quartiers ethniques de New York ont toujours été vigilants devant les incursions d'étrangers incontrôlés. En attendant l'autobus, il eut droit à un nouveau coup de poing à l'estomac dans la 90ᵉ Rue est, de la part d'un individu qui n'avait pas bien pris le rictus dont Joe s'armait chaque fois qu'il s'aventurait dans les coins chics. Un après-midi où il traînait devant une confiserie, Joe attira l'attention de quelques petits gamins du quartier, dont l'un, pour des raisons n'ayant rien à voir avec la politique ou les théories raciales, l'atteignit à la nuque avec la grosse huître gluante de sa boulette de papier mâché. Ces gamins étaient tous des lecteurs assidus de l'Artiste de l'évasion et des admirateurs du travail de Joe Kavalier. S'ils avaient su qui il était, ils auraient sans doute profondément regretté d'avoir tiré sur lui à la sarbacane. Mais ils n'aimaient tout simplement pas son allure. Avec la cruelle acuité des enfants, ils avaient observé qu'il y avait quelque chose de bizarre chez Joe Kavalier, dans son costume froissé, son air d'irascibilité rentrée qui couvait, les mèches bouclées qui hérissaient sa chevelure imparfaitement lissée en arrière tel un mécanisme qui aurait explosé. Il était la cible désignée des amateurs de farces et attrapes. Il avait l'air de quelqu'un qui cherchait les ennuis.

Là, il faut préciser qu'un très grand nombre de New-Yorkais allemands étaient violemment opposés à Hitler et aux nazis. Ils écrivaient des épîtres indignées aux rédacteurs en chef des principaux quotidiens pour condamner l'inaction des Alliés et des Américains après l'*Anschluss* et l'annexion des Sudètes. Ils rejoignaient les ligues antifascistes, se colletaient avec les Chemises brunes – cet automne-là, Joe était loin d'être le seul jeune homme à sortir dans les rues de New York en quête de bagarre – et soutenaient vigoureusement la politique du président quand il agissait contre Hitler et sa guerre. Néanmoins, un assez bon nombre d'Allemands new-yorkais étaient ouvertement fiers des réalisations sociales, culturelles, sportives et militaires du Troisième Reich. Parmi eux se trouvait un petit groupe qui était régulièrement actif dans diverses organisations patriotiques, nationalistes, généralement racistes et parfois violentes favorables aux objectifs de la patrie. Joe revenait fréquemment de Yorkville avec des journaux et des tracts antisémites qu'il épluchait de la première à la dernière page, la rage au ventre, avant de les fourrer dans un des trois cageots à pêches qui lui servaient de meuble classeur. (Les deux autres contenaient ses lettres du pays et ses illustrés.)

Les Extraordinaires Aventures de Kavalier & Clay,
traduit par Isabelle D. Philippe

Colm Tóibín

Brooklyn, 2009

Après avoir fini son petit déjeuner et lavé sa tasse, sa soucoupe et son assiette sans accorder la moindre attention à Patty qui venait d'entrer, Eilis se faufila dehors et prit le chemin de son travail. Elle était très en avance. Elle était à Brooklyn depuis presque trois semaines et, bien qu'elle eût déjà écrit plusieurs fois à sa mère et à Rose, et une fois à ses frères à Birmingham, elle n'avait encore reçu aucune lettre d'eux. En traversant la rue, elle songea qu'entre cet instant et celui où elle rentrerait chez Mme Kehoe, vers dix-huit heures trente, il lui serait arrivé quantité de choses qu'elle pourrait leur raconter dans sa prochaine lettre ; chaque instant paraissait apporter avec lui une sensation ou une information inédites. Jusqu'à présent elle ne s'était guère ennuyée au travail, les heures semblaient s'envoler toutes seules.

C'était le soir, quand elle se retrouvait au lit, que la journée écoulée lui apparaissait comme l'une des plus longues qu'elle eût jamais vécues, à mesure qu'elle se la remémorait, scène après scène. Tout s'attardait dans son esprit, jusqu'aux détails les plus infimes. Quand elle s'efforçait de penser à autre chose, ou de ne penser à rien, certains incidents lui revenaient malgré elle. Pour chaque jour qui passait, elle aurait eu besoin d'un jour supplémentaire afin de l'assimiler – et ensuite, songea-t-elle, s'en débarrasser de manière à ce qu'il ne l'empêche pas de dormir ou ne vienne pas remplir ses rêves d'images fulgurantes tirées de scènes vécues ou alors d'impressions fugaces qui n'évoquaient rien de précis, qui ressemblaient plutôt à un déferlement de couleurs ou à une foule anonyme défilant à un rythme frénétique.

Elle appréciait l'air du matin et le silence des rues bordées d'arbres, ces rues ombragées qui n'avaient de magasins qu'à l'angle, avec leurs maisons divisées en trois ou quatre appartements, ces rues où elle croisait surtout des femmes qui accompagnaient leurs enfants à l'école. Plus elle avançait, plus elle se rapprochait de ce qu'elle savait être le monde réel, qui se caractérisait par des rues plus larges et une circulation plus intense. Dès l'instant où elle tournait au coin d'Atlantic Avenue, Brooklyn devenait un lieu étranger, avec ses immeubles en péril et ses trouées béantes de loin en loin. Arrivée à Fulton Street, elle ne voyait soudain plus des individus, mais une foule compacte qui attendait pour traverser la rue ; une foule si dense que le premier jour elle avait cru à un attroupement provoqué par un accident ou une bagarre. Encore maintenant, au moment d'aborder Fulton Street, elle avait un mouvement de recul involontaire et attendait parfois une minute ou deux dans l'espoir que tout ce monde se disperserait.

Chez Bartocci, elle devait commencer par pointer, ce qui ne présentait aucune difficulté particulière, puis rejoindre, au sous-sol, le vestiaire des femmes et endosser l'uniforme bleu des vendeuses rangé dans son casier. En règle générale, elle pointait parmi les premières. Certaines filles ne faisaient leur apparition qu'à la dernière minute, ce qui n'était pas du tout du goût de Mlle Fortini, la surveillante. Le premier jour, le père Flood avait conduit Eilis dans les bureaux de la direction, où elle avait eu un entretien avec Elisabetta Bartocci, la fille du patron, qui lui était apparue comme la femme la mieux habillée de l'univers. Dans une lettre à sa mère et à Rose, Eilis décrivit le tailleur rouge vif de Mlle Bartocci, son chemisier blanc tout simple, ses escarpins rouges et ses cheveux d'un noir brillant coiffés à la perfection. Son rouge à lèvres était d'un vermillon éclatant et ses yeux étaient les plus noirs qu'Eilis eût jamais vus.

— Brooklyn se transforme de jour en jour, lui avait expliqué Mlle Bartocci pendant que le père Flood approuvait de la tête. Il y a sans cesse de nouveaux arrivants, ce peuvent être des Juifs, des Irlandais, des Polonais, et même des gens de couleur. Nos anciennes clientes partent s'installer à Long Island, mais nous ne pouvons les suivre jusque là-bas, n'est-ce pas ? Il nous faut donc prospecter une nouvelle clientèle et cela, de semaine en semaine. Nous traitons tout le monde sur un pied d'égalité. Toute personne, quelle qu'elle soit, sera accueillie dans notre magasin à partir du moment où elle a choisi d'y entrer. Cette personne est quelqu'un qui a de l'argent à dépenser. Nous surveillons nos prix pour qu'ils restent bas, et notre accueil pour qu'il reste irréprochable. Si les clientes l'apprécient, elles reviendront. Votre rôle est de traiter chacune d'entre elles comme une nouvelle amie. Est-ce que c'est clair ?

Eilis acquiesça en silence.

— Je veux que vous leur fassiez un grand sourire irlandais.

Là-dessus, pendant que Mlle Bartocci partait à la recherche de la surveillante, le père Flood murmura à Eilis de bien regarder les employées au travail autour d'eux.

— Beaucoup ont commencé comme vendeuses. Elles ont suivi des cours du soir, et maintenant elles sont dans les bureaux. Certaines sont de vraies comptables diplômées.

— J'aimerais bien continuer mes études, dit Eilis. J'ai déjà une formation de base.

— Tout est différent ici, les écritures comptables ne sont pas les mêmes qu'en Irlande, mais je vais me renseigner. Peut-être reste-t-il une place quelque part ? Et si tel n'est pas le cas, on pourra éventuellement y remédier. Mais il vaut mieux ne pas en parler à Mlle Bartocci, en tout cas dans l'immédiat. En ce qui la concerne, il vaut mieux rester concentrée sur le travail de vendeuse.

Eilis hocha la tête. Mlle Bartocci revint avec Mlle Fortini. Celle-ci ouvrait à peine la bouche, sinon pour dire « oui » après chacune des phrases de sa patronne, et son regard errait dans le bureau avant de se fixer à nouveau, comme pris en faute, sur le visage de Mlle Bartocci.

— Mlle Fortini va vous expliquer comment fonctionne la caisse enregistreuse. Une fois qu'on a compris, ce n'est pas très compliqué. Si vous avez le moindre problème, j'insiste là-dessus, même si ça vous paraît trois fois rien, allez la voir. Pour que les clientes soient contentes, il faut que les employées soient contentes aussi. Vos horaires de travail sont de neuf heures à dix-huit heures, du lundi au samedi. Là-dessus, vous disposez de quarante-cinq minutes pour déjeuner et d'une demi-journée de congé hebdomadaire. Et nous encourageons l'ensemble du personnel à suivre une formation.

[...] Elle montra à Diana et à Patty le bout de papier avec l'adresse, *West 23rd Street*. Elles lui expliquèrent que *West* signifiait que la rue se trouvait à l'ouest de la Cinquième Avenue, et le nombre, que le magasin était situé entre la Sixième et la Septième Avenue. Elles allèrent chercher un plan de la ville et l'étalèrent sur la table de la cuisine, sidérées qu'Eilis n'eût jamais mis les pieds à Manhattan.

— C'est merveilleux, là-bas, dit Diana.

— La Cinquième Avenue, c'est le paradis, renchérit Patty. Je donnerais n'importe quoi pour y vivre. J'adorerais épouser un homme riche qui habiterait dans un palace sur la Cinquième Avenue.

— Ou même un homme pauvre, ajouta Diana, du moment qu'il habite dans un palace.

Elles lui indiquèrent comment s'y rendre en métro, et elle décida d'y aller en profitant de sa prochaine demi-journée de repos.

À l'approche du vendredi et de la perspective du bal, Eilis se sentit perdre courage. Elle n'osait pas demander à Mlle McAdam ou à Sheila Heffernan si elles avaient l'intention d'y retourner, et il lui paraissait trop déloyal d'y aller avec Patty et Diana – trop cher aussi, peut-être, puisque celles-ci commençaient par dîner au restaurant, et qu'il lui faudrait également acheter de quoi s'habiller si elle ne voulait pas trop détonner dans leur groupe.

Le vendredi, elle se présenta donc à la table du dîner un mouchoir à la main, et conseilla aux autres de ne pas l'approcher si elles ne voulaient pas attraper son rhume. Elle se moucha bruyamment et renifla de son mieux plusieurs fois au cours du repas. Peu importe qu'elles la croient ou non, le rhume, pensait-elle, restait le meilleur prétexte pour ne pas y aller. Cela donna à Mme Kehoe l'occasion de broder sur l'un de ses thèmes favoris : les maladies d'hiver.

— Les engelures, je vous le dis, il faut faire très attention à ne pas attraper d'engelures. À votre âge, j'en avais tout le temps.

— À mon avis, on doit attraper toutes sortes de microbes dans ce magasin, dit Mlle McAdam à l'intention d'Eilis.

— Vous savez, on trouve tout autant de microbes dans les bureaux, riposta Mme Kehoe avec un regard à Eilis pour lui faire comprendre qu'elle avait bien compris le sous-entendu de Mlle McAdam, qui était de la mépriser sous prétexte qu'elle travaillait comme vendeuse.

— Mais on ne sait jamais qui...

— Assez, mademoiselle McAdam, coupa Mme Kehoe. Et peut-être serions-nous toutes bien avisées d'aller nous coucher de bonne heure, par ce froid.

— Je voulais juste dire que, d'après ce qu'on m'a raconté, chez Bartocci, parmi la clientèle, il y aurait maintenant des personnes de couleur.

Pendant un instant personne ne parla.

— J'ai entendu la même chose, dit enfin Sheila Heffernan à voix basse.

Eilis regardait son assiette.

— Eh bien, déclara enfin Mme Kehoe, cela peut ne pas nous plaire, mais les Noirs sont bien partis faire la guerre en Europe, n'est-ce pas ? Et ils ont été tués comme les nôtres. C'est ce que je dis toujours : leur présence ne gênait personne quand on avait besoin d'eux.

— Mais je n'aimerais pas…

— Nous savons parfaitement ce que vous n'aimeriez pas, mademoiselle McAdam.

— Je n'aimerais pas avoir à les servir.

— Mon Dieu, moi non plus, dit Patty.

— Et qu'est-ce qui vous déplairait exactement ? demanda Mme Kehoe. Leur argent, peut-être ?

— Elles sont très aimables, renchérit Eilis. Et certaines d'entre elles sont très bien habillées.

— Alors c'est vrai ? réagit Sheila Heffernan. Je croyais que c'était une plaisanterie. Eh bien, nous y voilà. Maintenant, quand je passerai devant chez Bartocci, je changerai de trottoir.

Eilis prit son courage à deux mains.

— Je vais en parler à M. Bartocci, Sheila. Il sera sûrement bouleversé par ta décision. Toi et ton amie ici présente, vous êtes bien connues pour votre sens inné de l'élégance, vos bas filés et vos cardigans qui peluchent.

— Silence ! glapit Mme Kehoe. Ça suffit, tout le monde ! Je voudrais finir mon dîner en paix.

Le temps que le silence revienne et que Patty cesse de hurler de rire, Sheila Heffernan avait quitté la pièce et Mlle McAdam fixait Eilis d'un regard furibond.

Le jeudi suivant dans l'après-midi, lorsqu'elle se rendit à Manhattan, Eilis ne décela tout d'abord aucune différence par rapport à Brooklyn, sinon que le froid à la sortie du métro lui parut encore plus intense, plus sec, et le vent plus féroce. Elle n'était pas sûre de ce qu'elle avait imaginé, mais une aura d'élégance et de richesse, certainement, des magasins plus chics, des gens mieux habillés, une ambiance aux antipodes de cette impression miteuse, à l'abandon, qui la saisissait parfois à Brooklyn.

Elle s'était réjouie à l'idée d'écrire à sa mère et à Rose pour leur raconter sa première expédition à Manhattan, mais à présent elle voyait bien que ce sujet ne pourrait que rejoindre celui de l'arrivée des clientes de couleur chez Bartocci ou la dispute avec ses copensionnaires à ce propos – les rejoindre dans le non-dit, le silence des choses dont elle ne pouvait pas parler aux siens, parce qu'elle ne voulait pas les inquiéter ou leur donner l'impression qu'elle, Eilis, se défendait mal. Elle ne voulait pas non plus leur écrire des choses qui risqueraient de les déprimer. C'est pourquoi, pensa-t-elle, tout en longeant une rue interminable bordée de boutiques poussiéreuses, au milieu de passants qui avaient l'air de pauvres, cette excursion ne lui servirait à rien lorsqu'elle se creuserait la tête à la recherche de sujets. À moins, songea-t-elle, de tourner la chose à la plaisanterie en écrivant que, puisque Manhattan ne valait pas mieux que Brooklyn, en dépit de tout ce qu'elle avait pu entendre raconter à son sujet, elle ne ratait rien en ne vivant pas là-bas et en n'ayant pas l'intention d'y retourner avant longtemps.

Elle découvrit la librairie sans difficulté et, une fois à l'intérieur, fut émerveillée par la quantité de volumes alignés sur les rayonnages et par la taille de certains d'entre eux. Elle se demanda s'il pouvait exister autant de livres de droit en Irlande, et si les juristes d'Enniscorthy s'étaient plongés dans des ouvrages semblables du temps de leurs études. Voilà, pensa-t-elle, un bon sujet à aborder dans une lettre à Rose, puisque Rose jouait au golf avec la femme d'un juriste.

Brooklyn, traduit par Anna Gibson

Elliot Perlman

The Street Sweeper, 2011

— Je croyais que les démocrates étaient des gens bien ? On n'est pas démocrates, nous ?

— Ils n'ont pas toujours été si bien que ça. Personne n'est bien à tout coup. Écoute, la situation s'est aggravée. C'est donc un été de canicule, en cette année 1863, en plein milieu de la guerre de Sécession. Les choses ne vont pas si bien pour l'Union et, pour lever davantage de troupes, Lincoln fait adopter une nouvelle loi d'incorporation. Tu sais ce que cela signifie ?

— Pas exactement.

— Quand un gouvernement veut forcer les gens à faire pour lui des choses qu'ils n'accepteraient pas de faire de leur propre chef, il les « incorpore ». Il les contraint à se plier à certaines choses, contre leur volonté. Dans ce cas précis, il les a incorporés dans l'armée de l'Union.

— Quoi ? En les forçant ?

— Précisément. Lincoln a promulgué une loi de conscription fédérale plus stricte que tous les textes précédents. Elle devait revêtir la forme d'une loterie obligatoire. Tout citoyen de sexe masculin âgé de vingt-cinq à trente-cinq ans était susceptible de voir son nom sortir, et si tel était le cas, il n'avait plus qu'à intégrer l'armée. Cela représentait beaucoup d'hommes qui couraient le risque d'être forcés de s'enrôler et de combattre pour l'armée de l'Union. Cela représentait beaucoup d'hommes qui redoutaient d'être appelés, craignant ou furieux de pouvoir être appelés.

— Pouvaient-ils y échapper ?

— Tu penses déjà comme un avocat ! Oui, ils pouvaient y échapper, mais écoute un peu comment. Si tu avais assez d'argent pour payer quelqu'un qui partait à ta place et si ton nom était tiré au sort, au lieu de toi, c'était ce remplaçant qui y allait.

— Mais qui aurait accepté ça ?

— Précisément. Peu de gens acceptaient de remplacer un appelé, se procurer un remplaçant coûtait donc beaucoup d'argent, et qui est-ce qui n'avait pas beaucoup d'argent ?

— Les Noirs ?

— Exact, mais les Noirs étaient exemptés, en d'autres termes ils n'étaient pas soumis à la loterie. Tu sais pourquoi ?

— Parce qu'Abraham Lincoln les aimait bien ?

— Non, parce qu'ils n'étaient pas considérés comme des citoyens. C'est pourquoi les Noirs étaient exemptés de la loi fédérale sur la conscription. Mais les hommes blancs et pauvres, les Irlandais et les Allemands, eux, n'en étaient pas exemptés, et ils n'avaient pas les moyens de se payer les services d'un remplaçant. Pourtant, il y avait un autre moyen d'y échapper. Tout simplement en versant au gouvernement un droit d'exemption. Cela paraît un moyen assez simple de s'en sortir, non ?

— C'est sûr, mais si tu n'avais pas cet argent ?

— Juste ! Si tu versais au gouvernement un droit de 300 dollars, tu pouvais oublier toute l'affaire. Mais tu sais combien de temps il fallait à un citoyen ordinaire pour gagner 300 dollars ?

— Non.

— Une année entière. Pour gagner 300 dollars, il fallait une année entière au citoyen moyen. Et il ne suffisait pas de travailler un an et d'espérer que ton nom ne sorte pas pendant la période où tu mettais cet argent de côté. Avec quoi étais-tu censé vivre ? Au cours de cette année-là, il fallait manger, s'acheter des vêtements, payer son loyer. Tu pouvais avoir une femme, des enfants à nourrir. Où ce citoyen ordinaire allait-il trouver tout d'un coup l'équivalent d'un an de salaire ? Aussi, nous sommes au milieu de cet été si chaud de l'année 1863, et nombre de journaux étaient dirigés par des gens favorables à l'esclavage.

— C'étaient des propriétaires d'esclaves ?

— Probablement pas, mais les gens qui ont beaucoup d'argent réservent souvent l'essentiel de leur sympathie aux gens qui ont beaucoup d'argent. Par conséquent, la sympathie des propriétaires de journaux allait surtout aux propriétaires d'esclaves. Ils devaient savoir combien New York profitait de l'esclavage. Ce n'était pas là que se trouvaient les esclaves, ils étaient dans le Sud, mais tout le coton, toutes les récoltes – tout ce que les esclaves produisaient pour leurs maîtres sudistes –, tout cela devait être vendu, négocié ou transporté vers d'autres marchés, et même vers des marchés outre-mer.

— Comme en Australie ?

— Non, il était trop tôt pour que l'on parle déjà de l'Australie. On était en 1863. Je parle de l'Europe. Si tu avais des produits à expédier en Europe, d'où les enverrais-tu ?

— De New York ?

— Exactement – le plus grand port naturel d'Amérique. Tôt ou tard, tout ce que les esclaves produisaient arrivait à New York. Du moins avant le début de la guerre de Sécession. Les propriétaires de journaux, sachant à quel point New York bénéficiait de l'esclavage, se mirent à publier dans les journaux des articles, des reportages destinés à susciter la colère des Irlandais et des Allemands de la classe ouvrière contre le gouvernement fédéral qui avait introduit cette loi de conscription.

— Mais ils étaient déjà en colère.

— C'est vrai, ils étaient furieux. Mais les journaux étaient capables d'envenimer les choses, de les mettre encore plus en colère. Et c'est ce qu'ils ont fait. Ils ont reproché au gouvernement fédéral d'avoir causé tant de troubles, ce qu'ils appelaient une « guerre nègre ». Ils ont encouragé un climat dans lequel ces hommes, des Blancs, appartenant à la classe ouvrière, s'imaginaient avoir moins de valeur que les esclaves. Alors qu'un esclave se vendait à peu près 1 000 dollars, les Irlandais et les Allemands s'imaginaient désormais qu'ils allaient pouvoir se faire acheter pour 300 maigres dollars, la somme que leur coûtait un droit d'exemption à la conscription.

— Oui, mais ils restaient libres, quand même. Les esclaves, eux, ils restaient esclaves pour toujours, jusqu'à leur mort.

— C'est tout à fait vrai. Mais à l'époque c'était ainsi que réagissaient ces hommes, qui étaient pourtant des adultes, car ils avaient peur, ils étaient pauvres, en colère, et ils étaient infectés par ce virus...

— Le racisme.

— Un peu, oui ! Le racisme. Le samedi 11 juillet 1863, on organisa le premier tirage de cette loterie, à New York, pour décider de qui serait appelé à combattre. La ville entière était en proie au malaise. Il faisait chaud. Les gens, surtout les travailleurs, vivaient entassés dans les logements du centre. Des familles entières habitaient dans une seule pièce. Pour sortir de là, pour s'échapper, les hommes allaient boire dans les tavernes. Ils buvaient et ils causaient de ce qui les tracassait. Quantité de choses les tracassaient, alors ils buvaient beaucoup. Deux jours plus tard, entre six et sept heures du matin, des foules de ces hommes commencèrent à se masser dans le bas de l'East Side. Ils se dirigeaient vers l'ouest, en traversant Broadway, en direction du bureau d'incorporation. Ils étaient armés de gourdins, de planches et de barres de fer.

» En chemin vers le haut de la ville, ils rameutèrent sans cesse davantage d'hommes, des hommes mécontents, des hommes en colère déjà tellement humiliés par leur situation, par leur pauvreté, qu'ils ne se connaissaient plus eux-mêmes. Ils avaient perdu leur individualité. Tu comprends ce que j'entends par là ?

— Pas vraiment.

— Chacun de ces hommes avait oublié ce qui le différenciait de son voisin. Et là, en plus de cette humiliation chronique, il y avait la colère devant l'injustice de cette conscription, face à la possibilité de devenir non plus un homme, mais un animal au milieu d'une horde d'animaux. Il y avait là des milliers d'hommes qui étaient tous dans ce cas, et ils se dirigeaient vers le bureau d'incorporation de la 3e Avenue. Quand ils arrivèrent devant, ils étaient quinze mille et ils s'attaquèrent au bâtiment, pour le détruire. Ils le fracassèrent, ils l'incendièrent. Ils mirent le feu à toutes sortes de choses, à d'autres immeubles, à un peu tout. Ils coupèrent les fils du télégraphe, pour empêcher l'envoi de renforts en soutien du peu de forces de police présentes sur les lieux. Souviens-toi qu'une bonne part des forces de police régulières était déjà dans l'armée. Un petit détachement militaire était présent au bureau d'incorporation et, bien qu'armé de fusils, face à cette foule, il n'était pas à la hauteur. Cette foule était trop importante. On désarma un soldat, on le roua de coups de pied, on le frappa à mort, et on jeta son corps dans la rue, du haut du deuxième étage. On arracha des rails de chemin de fer. On détruisit des tramways. Le dépôt d'armes de la 21ᵉ Rue fut pillé et ravagé.

» Des colonnes de fumée noire masquaient le soleil de juillet. Ils s'en prirent à tous les policiers sur lesquels ils pouvaient tomber, à des politiciens, à tous ceux qui leur paraissaient assez riches pour verser les 300 dollars nécessaires à leur exemption.

— À quoi le voyaient-ils ?

— À l'allure des gens, à leur tenue vestimentaire.

— Mais ils pouvaient se tromper. Un pauvre aurait pu choisir de mettre ses plus beaux vêtements.

— Ils pouvaient se tromper, mais ils s'en moquaient. Pour eux, cela ne comptait pas. Surveille ta valise. Tu la surveilles, ta valise ?

» À onze heures et demie, en ce lundi matin, la conscription fut suspendue, du moins à New York. Mais il était trop tard. La foule avait investi Manhattan. À deux heures et demie cet après-midi-là, elle arriva devant le Colored Orphan Asylum. C'était une institution caritative pour enfants noirs ayant perdu leurs parents et qui n'avaient plus personne pour veiller sur eux. L'endroit possédait sa garderie, une école et une infirmerie. Il y avait là quelque deux cent trente enfants. Ils vivaient une journée normale quand, soudain, le bâtiment fut envahi par la foule. Tout ce que l'on pouvait prendre, soulever, emporter fut pillé ; draps, couvertures, vêtements, et même la nourriture. Ils dérobèrent des jouets. Ils mirent le feu au reste après qu'un homme, dans la cohue, eut beuglé « Brûlons ce nid de nègres ! ». C'étaient des enfants, des orphelins noirs. Y avait-il des êtres plus vulnérables qu'eux, dans cette ville ? La foule s'attaqua à cet asile. À coups de gourdin, de morceaux de briques, de tout ce qu'elle retrouva sous la main. Il ne lui fallut que vingt minutes pour détruire la totalité de l'endroit.

— Quelqu'un a essayé de les en empêcher ?

— Oui. On sait qu'un homme – un Irlandais – a plaidé auprès de la foule pour venir en aide à ces enfants. Elle s'est attaquée à lui aussi.

— Et qu'est-il... qu'est-il arrivé aux enfants ?

— Les enfants, qui emportèrent avec eux toutes les affaires qu'ils purent ramasser, furent conduits dans la rue par une porte dérobée, avec l'aide d'une partie du personnel et sous la garde de la police. Quelques soldats armés de baïonnettes sont venus les escorter et les protéger de la foule.

— Alors aucun d'eux n'a été tué ?

— Si, une fillette de dix ans.

— Que lui est-il arrivé ?

— Alors qu'on la conduisait à l'extérieur du bâtiment, un meuble jeté par une fenêtre de l'asile l'a heurtée à la tête. C'est horrible, Adam, ce que les gens peuvent faire, ce dont ils sont capables.

— Est-ce que ses amis ont vu ça, les autres enfants, je veux dire ? Est-ce qu'ils l'ont vue se faire tuer ?

— Oui, j'imagine.

— Et qu'est-il arrivé aux autres, aux autres enfants ?

— Eh bien, j'ai lu un récit de la scène où l'on expliquait qu'on les avait conduits dans un poste de police de la 35ᵉ Rue. Selon une autre version, on les aurait embarqués à bord d'une péniche et remorqués vers le milieu de l'East River pour les mettre à l'abri de la foule.

— Laquelle est la bonne ?

— Je l'ignore. Peut-être quelqu'un le sait-il. Peut-être y a-t-il une part de vérité dans les deux... ça fait partie des choses que les gens ne savent pas.

— Pourquoi les gens ne savent pas ? Pourquoi il y a deux versions de la fin ? Est-ce que ça signifie que l'une de ces deux versions est fausse ?

— Je l'ignore. C'est le rôle des historiens, ça, c'est à eux de voir. Ils prennent le matériau brut et recomposent les récits qui, pour nous tous, constituent l'histoire.

— Que veux-tu dire par « matériau brut » ?

— Tout ce qu'ils peuvent découvrir, déclarations de témoins oculaires, dépositions policières, articles de journaux... tout ce qu'ils peuvent trouver. Tu veux voir où cela s'est passé ?

— Au Colored Orphan Asylum ?

— Ce n'est qu'à une rue d'ici. D'ici, tu peux sans doute voir à quel endroit se situait l'orphelinat. À l'angle de la 43e Rue et de la 5e Avenue. Regarde, juste là, au coin, tu vois ? Allons-y, mais ensuite on devra prendre un taxi.

Ensuite, le chauffeur les conduirait à l'aéroport où Jake Zignelik dirait au revoir à son fils Adam et le ferait embarquer pour le long vol du retour vers chez sa mère. Mais avant, le père traîna son fils, qui traînait sa valise, à l'angle de la 43e Rue et de la 5e Avenue, à l'ancien emplacement du Colored Orphan Asylum. Le jeune Adam se tordit le cou et leva le nez en l'air. Il scrutait le ciel, comme s'il guettait un meuble que des individus habités par la volonté de tuer des enfants auraient pu jeter par une fenêtre, des enfants qui avaient déjà perdu leurs parents. C'était arrivé ici même. Ce n'était pas un conte de fées, encore moins un de ces contes obscurs aux significations cachées que seuls comprennent les adultes et encore, ceux qui étudient l'histoire, un de ces contes sinistres pas vraiment destinés aux enfants, un de ces contes qui ont franchi l'Atlantique depuis les épaisses forêts d'Europe. Non, c'était arrivé ici même, à l'angle de la 43ᵉ Rue et de la 5ᵉ Avenue. C'était à New York qu'une fillette noire de dix ans avait subi cet assaut. C'était à New York qu'une fillette noire de dix ans avait trouvé la mort écrasée par un meuble jeté par la fenêtre, alors qu'elle fuyait la foule en furie qui avait envahi l'orphelinat où on l'avait envoyée après qu'elle eut été abandonnée. C'était dans ce même New York que son père travaillait et vivait.

Plus qu'à l'Empire State Building, au Chrysler Building ou à la statue de la Liberté, plus qu'à Broadway ou à Times Square, c'était à ce New York-là que pensait le jeune Adam après son retour chez sa mère. C'était ce New York-là qu'il avait emporté avec lui à bord de l'avion. New York était la ville où l'on attaquait les orphelins. En dépit de ce qu'il pensait, Jake Zignelik avait transformé l'exercice de la séparation, d'abord d'avec son épouse, puis d'avec son fils, en art. En dépit des *delikatessen* et de leurs vieux serveurs à la plaisanterie facile qui savaient tout ; en dépit des dames dont Jake raffolait, des dames au parfum enivrant et aux étuis de cigarettes refermés d'un claquement sec et précis qu'on avait envie d'imiter, de jolies dames qui passaient les doigts dans sa tignasse de petit bonhomme comme on caresse brièvement un chat, avec une affection authentique mais éphémère ; en dépit des spectacles qu'il ne comprenait pas toujours, des musées et des galeries d'art qui l'intéressaient au point qu'il en avait mal aux muscles des jambes ; en dépit des parcs et *du* Park, Central Park, et en dépit de la gentillesse de William McCray et de son fils Charles, qui veillait de temps en temps sur lui quand leurs deux pères avaient un travail important ; en dépit de tout cela, aux yeux du jeune Zignelik, New York était d'abord et avant tout la ville du Colored Orphan Asylum. Le lieu des orphelins. Êtes-vous au courant, demandait-il, savez-vous ce qui est arrivé au Colored Orphan Asylum ? New York était la ville des orphelins.

[...] — Aucun nazi qui se respecte n'aurait chanté des negro spirituals, même avant la guerre.

— Il a raison, admit Adam. Il est peu probable que ce soit vrai. Hélas, extrêmement peu probable. Mais je n'ai pas dit que les chanteurs étaient nazis. Ils étaient allemands, il s'agissait d'hommes allemands. Et c'est vrai. Dans les années 1935 à 1937, alors que le nazisme s'emparait de l'Allemagne et la remilitarisait, et que le reste de l'Europe observait avec angoisse, si vous vous rendiez dans cette partie de la ville de Stettin connue sous le nom de Finkenwalde, et qui s'appelle aujourd'hui Zdroje, vous auriez pu entendre un groupe d'Allemands chanter « Swing Low Sweet Chariot » en anglais.

» L'homme qui leur avait appris les paroles, la musique et le style dans lequel il convenait de chanter ce gospel l'avait lui-même appris à deux petits kilomètres de l'endroit où nous nous trouvons, sur la 138ᵉ Rue Ouest. Les chanteurs allemands de Finkenwalde étaient membres d'un séminaire religieux instauré par un Allemand venu vivre à New York en 1930, bien qu'il ait été surtout attiré par l'Extrême-Orient. Il avait toujours voulu se rendre en Inde, en raison de son intérêt pour les enseignements de Gandhi. Mais à la place, il était venu ici. Je suppose que ce devait être plus facile. Qu'a-t-il vu, dans le New York de 1930 ? Le Rockefeller Center n'était pas encore sorti de terre, l'Empire State Building était en cours d'achèvement, il n'avait pas pu boire un verre d'alcool sans enfreindre la loi, à cause de la prohibition, et le taux de chômage était bien plus élevé ici qu'il ne l'était même à l'époque en Allemagne. Il était étudiant, avec un poste d'attaché d'enseignement, tout près d'ici, à Broadway, au séminaire de l'Union théologique. Il avait rencontré le théologien d'origine allemande né en Amérique Reinhold Niebuhr, qui a écrit de nombreux textes sur la nécessité chez les chrétiens d'œuvrer activement au progrès social. Il a dévoré la littérature et la philosophie américaines et tâché de s'imprégner de ces lieux autant qu'il lui était possible. Il aimait sillonner la ville et il a écrit : « Celui qui voudrait vraiment essayer de pleinement savourer New York risquerait presque d'en mourir. » Il a fait le tour de Harlem. C'était encore l'époque du Harlem Renaissance et cet ecclésiastique allemand blanc s'est mis à lire de la littérature afro-américaine contemporaine et des publications diffusées par la NAACP.

» Un étudiant noir avec lequel il s'était lié d'amitié, également inscrit au séminaire de l'Union théologique, l'a emmené dans Harlem et lui a donné un aperçu direct de la vie là-bas, où l'on comptait près de cent soixante-dix mille Afro-Américains au kilomètre carré, qui tentaient de vivre, de survivre. Ce fut ce lien d'amitié qui amena cet Allemand blanc à fréquenter régulièrement l'Église baptiste abyssinienne d'Adam Clayton Powell, le père et le fils, excusez du peu, sur la 138ᵉ Rue Ouest, et c'est là qu'il entendit « Swing Low Sweet Chariot ».

» Il a été terriblement touché par la manière dont cette congrégation pratiquait le culte. Il n'avait jamais rien vu de tel. La passion que ces gens semblaient mettre à adorer leur Dieu et leur religion contrastait vivement avec les habitudes de culte austère des congrégations qu'il avait connues dans son pays d'origine. Il a acheté des enregistrements de spirituals pour gramophone, les a remportés en Allemagne avec lui et, plus tard, en des temps encore plus rudes, il les a appris aux étudiants en théologie dont il avait la responsabilité, à Finkenwalde. Au fait, certains d'entre vous auront déjà rencontré le professeur Charles McCray, le directeur du département. Eh bien, son père, William McCray, connaissait l'homme qui a fait découvrir à cet ecclésiastique allemand blanc le Harlem des années 1930.

La mémoire est une chienne indocile,
traduit par Johan-Frédérik Hel-Guedj

Erica Jong

Fear of Dying, 2015

Cet hiver-là, il neigeait encore et encore. La ville était constamment recouverte de neige. Des arbres étaient abattus. Il n'y avait plus de courant. Il y avait plus de sel à New York que dans la mer Morte. Nous subissions le changement de climat ou El Niño, ou les deux. La neige tombait interminablement, comme pour enterrer ses propres fantômes. Je pensais sans arrêt à la nouvelle de Joyce, *Les morts*, à sa description : « La neige qui tombe légèrement... comme la descente de leur fin dernière sur tous les vivants et tous les morts. » Ce temps donnait une impression de fin du monde.

Un jour, après une forte tempête de neige qui recouvrit les voitures et me rappela l'épisode neigeux de 1947 quand j'étais toute petite (mes parents étaient revenus à New York pour des rendez-vous, nous avaient emmenées toutes les trois, et nous avions été bloquées par la tempête de neige), je mets mes vêtements les plus chauds, des bottes et je vais marcher dans Central Park avec mon caniche adoré, Belinda.

Les arbres ploient sous la neige. De temps en temps une grosse boule de neige tombe d'une branche. La ville est silencieuse. Les enfants gambadent, vêtus de parkas aux couleurs vives et tirant des luges. Je vois sans cesse des hommes qui ressemblent à mon père mais, quand ils se tournent, leurs visages sont différents.

La descente de notre fin dernière ; nous en sommes tellement plus proches que Joyce ne l'était. Lui vivait dans un monde sans bombe atomique, sans réchauffement climatique – pourtant il souffrait à propos de sa fille. Aucune vie humaine ne se déroule sans déception et souffrance. Pas d'enfants sans soucis. Il inventa un nouveau langage pour raconter ses tourments. Ne souhaitons-nous pas tous pouvoir le faire ?

J'ai eu un professeur d'art dramatique qui avait l'habitude de citer Stanislavski au tout début de chaque script : « Ne vous perdez jamais en jouant, tout vient de ce que vous êtes. » Au début, je n'avais aucune idée de ce qu'il voulait dire. Je croyais que jouer était devenir une autre personne en plus humain – en fait c'était devenir plus activement soi-même. J'ai mis un temps fou à le comprendre.

Mais ici, dans la neige, ça a un sens. Qui suis-je vraiment ? Un être humain trébuchant, d'un âge inconnu, qui sait qu'il va mourir. Je ne l'avais jamais réellement cru avant.

Je monte Pilgrim Hill et je m'allonge sur le dos sous la statue enneigée du pèlerin, avec Belinda qui adore la neige. Je lève les bras et je les enfonce dans la neige comme je le faisais avec mon père quand j'étais petite. Quand je me lève, je vois mon empreinte angélique, un peu bouffie à cause de la parka, étalée autour de moi. L'empreinte angélique de mon chien est floue aussi.

— Va toujours te coucher en ayant faim. – J'entends mon père dire cette phrase. – C'est le secret pour rester mince, ne pas manger le soir.

Ce qu'il ne disait pas, c'est qu'il croyait que la minceur garantissait l'immortalité. Mon Dieu, comme il avait tort !

Quand on est jeune, on déborde tellement d'énergie qu'on croit qu'on peut tout faire, mais elle n'est pas canalisée. Quand on vieillit, on doit canaliser son énergie parce qu'elle est limitée.

De la neige mouillée tombe des branches en explosions de blancheur. Tandis que je marche avec mademoiselle B, j'ai peur qu'une branche ne tombe sur ma tête et me tue. « Le danger exalte », a aussi dit Stanislavski.

Je crois tout le temps voir mon père surgir derrière les arbres. Il est exactement le même que lorsque nous étions jeunes, lui et moi. Est-ce que si je redeviens jeune je retrouverai mon séduisant papa ? Qu'est la magie, après tout, sinon l'intention profonde de changer ? Qu'est la magie sinon remonter le temps ?

Tandis que je retourne à la maison dans la neige avec Belinda, je songe à l'impossibilité d'expliquer aux jeunes ce qui se passe quand on sait qu'on n'est pas immunisé contre la mort. Tout change. On regarde le monde autrement. Quand on est jeune, on n'a pas de perspective. On croit que la vie dure éternellement – les jours, les mois et les années s'étendant à l'infini. On croit qu'on n'a pas besoin de choisir. Qu'on peut perdre du temps à prendre des drogues et de l'alcool. On pense que le temps sera toujours de notre côté. Mais le temps, autrefois notre ami, devient notre ennemi. Il s'emballe au fur et à mesure qu'on vieillit. Les anniversaires se succèdent de plus en plus vite. Les années s'envolent du calendrier comme dans les vieux films. Tout ce qui importe est de revenir en arrière et de tout recommencer, corriger les erreurs, tout faire bien. Mon père doit se sentir comme ça. Je le comprends au moment où il est trop tard pour le lui dire.

Est-ce que tout le monde meurt en laissant derrière soi une tâche inachevée ? Et ces gourous qui choisissent l'heure de leur mort, appellent auprès d'eux leurs étudiants et disent au revoir ? Ou s'agit-il juste d'un agréable mythe ?

Être jeune n'est pas une question de beauté ou de sexe. C'est une question d'énergie. Je me surprends à avoir soudain une telle énergie que Belinda et moi courons jusqu'à la maison dans la neige fondante.

[…] Belinda Barkawitz, mon grand caniche noir, saute sur le lit avec moi et commence à me lécher le visage. Comment affronterions-nous nos problèmes sans nos chiens ? Fatiguée comme je l'étais et même si elle avait déjà été sortie par cette nécessité new-yorkaise, le promeneur de chiens, je passai son pull rose au-dessus de sa tête duveteuse, je lui mis sa laisse, j'attrapai mon manteau et descendis. Tous les gens à chien étaient dehors – les promeneurs, les propriétaires, les dresseurs. New York devient un village quand on a un chien. Je me moquais de ceux qui dédaignent les mots « animal de compagnie », mais à présent je sympathise avec eux. En fait, au lieu d'utiliser l'expression politiquement correcte « animaux de compagnie », je préfère penser que les chiens sont les gourous et nous leurs simples disciples. Telle est la hiérarchie correcte, si tant est qu'il y existe une hiérarchie. Les chiens sont tellement plus humains que nous, dans toutes les qualités qui comptent le plus – l'empathie, la loyauté, le sens de l'odorat. Le nez est l'organe le plus primitif et le plus infaillible. Si seulement nous vivions tous selon notre odorat, le monde serait un endroit différent.

Belinda batifolait et sautait. Elle voulait me remonter le moral. Elle avait immédiatement deviné de quoi j'avais besoin et était ravie de me l'offrir. Comme tous les caniches, elle était médium.

Nous croisâmes un schnauzer qu'elle connaissait, pourtant elle le renifla très rapidement, me dédiant toute son attention. Ensuite nous rencontrâmes deux golden retrievers et leur propriétaire, qui affichaient le même air de chien battu.

Nous rencontrâmes une dame à cheveux blancs avec un lévrier aveugle qu'elle avait recueilli, un caniche gris et un épagneul.

— Comment va Belinda ? me demanda-t-elle. Ça va mieux, sa maladie d'Addison ?

— Oui, ça va. Comment va Horatio ?

— Il va bien avec de la prednisone et de la Percorten.

— Belinda aussi. Et Tiresias ?

— On ne devine qu'il est aveugle que si je le précise.

J'opinai de la tête avec enthousiasme et caressai le lévrier aveugle, qui frotta son nez contre moi tandis que Belinda réprimait sa jalousie. L'épagneul tira sur sa laisse pour rentrer à la maison. Il faisait froid et le vent s'était levé.

— Bonne nuit.

— Bonne nuit, dit la dame. On essaie d'organiser un rendez-vous de chiens ?

— Absolument.

Je pris son numéro de téléphone et lui donnai le mien, songeant qu'à New York les chiens pouvaient vous offrir tout le réconfort dont vous aviez besoin.

Nous marchâmes jusqu'à la maison, prîmes l'ascenseur, et j'eus une conversation à propos du temps avec le portier, qui persistait à appeler Belinda Melinda. Et alors ? Si Belinda s'en fichait, moi aussi !

[...] Après la réunion, l'oratrice vient vers moi.

— Vous ne vous souvenez pas de moi ? demande-t-elle.

Je la regarde d'un air absent.

— Nous étions à l'école élémentaire ensemble sur l'Upper West Side.

Je la dévisage, cherchant la petite fille qu'elle était. Je ne me rappelle pas.

— Ce que vous avez dit a vraiment touché les gens, remarque-t-elle.

— Vraiment ? Je ne sais jamais. Mais je me sens toujours mieux quand je parle.

— C'est étonnant, n'est-ce pas ?

— Nous sommes tous si semblables. Nous nous débattons tous avec les mêmes choses. On pourrait penser qu'on le saurait, depuis le temps. Pourtant nous devons l'apprendre, encore et encore. J'ai adoré votre description de l'alcool dans les meubles de classement – V pour vodka, G pour gin, S pour scotch.

— Quand j'étais petite, je croyais que tout le monde faisait ça, dit Cynthia.

Ensuite d'autres personnes viennent la féliciter et je me cogne littéralement à mon amie Isadora Wing.

— Je ne t'ai même pas vue, dis-je.

— Eh bien, moi je t'ai vue et entendue. C'est vraiment étrange, de trouver des échanges si intimes dans le tumulte de New York. On descend dans une église dont on ignorait l'existence et des étrangers sont en train de parler des choses les plus profondes de leur existence. Ensuite ils rangent leurs affaires et s'en vont. Si on y va suffisamment souvent, on connaîtra beaucoup de visages et de noms, et la ville ressemblera à un endroit différent – comme quand on a un chien.

La peur est une émotion universelle contre laquelle presque tout le monde se débat, je crois. Mais peur de quoi ? De la douleur ? De la mort ? Du deuil ? C'est inutile d'avoir peur de la mort, car la mort oblitère la peur de la mort. Perdre des proches ? On ne peut pas vraiment s'y préparer, même si on y pense très fort. Cela nous affectera de toute manière autrement que nous l'imaginions. Donc, la peur est inutile. C'est juste une façon d'effacer le présent et de vivre dans un futur imaginaire. Ces réunions vous entraînent vers le présent. Impossible de dire pourquoi elles marchent. Elles apportent une dose de paix, et c'est une chose mystérieuse. Nous arrivons dans le sous-sol d'une église dans tous nos états et en sortons calmes.

— Je t'aime, dit Isadora. Je dois y aller.

Marcher dans New York. Isadora a raison. Quand on ressent de la peur, il faut lui chanter une berceuse pour l'endormir.

New York est pleine de mondes secrets. Le monde des réunions des AA. Le monde des gens de théâtre attendant désespérément des rôles qu'ils n'auront jamais ou celui des écrivains déterminés à finir des livres que personne ne lira. Ou de violonistes désespérés parce qu'ils n'ont pas assez répété. Tant de désespoir. Tant d'ambition. L'air en est saturé. On peut le sentir. Et rien dans ce monde ne réussit sans excès. Trop de sérénité ne fonctionne pas. Pourtant c'est l'énigme de New York, ou de n'importe quelle ville ambitieuse. Il faut avoir les tripes, le culot. Ensuite il faut savoir quand s'arrêter et se laisser aller au flux.

Le Complexe d'Éos,
traduit par Béatrice Shalit

Liste complète des copyrights

Selon l'ordre, chronologique, de l'anthologie :

© Éditions Robert Laffont, collection « BOUQUINS », S. A., Paris, 2009
ISBN 978-2-221-10687-7

Titre original : SHORT STORIES
© Copyright 1951, 1935, 1926, 1920 by Charles Scribner's Sons
» 1950 by Frances Scott Fitzgerald Lanahan
» 1948 by Zelda Fitzgerald
» 1937, 1939, 1940, 1941, 1949 by Esquire, Inc.
» 1926 by McCall Corporation
» 1925 by Hearst's International Magazine C° Inc.
» 1924 by Coloroto Corporation
» 1924, 1932 by American Publications Inc.
» 1922 by Metropolitan Publications, Inc.
» 1920, 1922 by The Smart Set
» 1920, 1928, 1929, 1930, 1931, 1932, 1948 by Curtis Publishing Company
Traduction française : Éditions Robert Laffont, S. A., Paris, 1963, 2005, 2015
ISBN 978-2-221-18857-6

Titre original : FOCUS
© Arthur Miller, 1945
Traduction française : Minuit, 1947 ; Buchet/Chastel, 2002 ; Éditions Robert Laffont, S. A., Paris, 2011
ISBN 978-2-221-11485-8
(édition originale : Reynal & Hitchcock, New York, 1945)

Titre original : A VIEW FROM THE BRIDGE
© Arthur Miller, 1955, 1957
Tous droits réservés.
© Éditions Robert Laffont, S. A., Paris, 1959, 2015 pour la traduction française
ISBN : 978-2-221-11492-6

Titre original : REVOLUTIONARY ROAD
© Richard Yates, 1961
Traduction française : Éditions Robert Laffont, S. A., Paris, 1962, 2005, 2009
ISBN 978-2-221-10208-4
(édition originale : Little, Brown, New York)

Titre original : HOMELY GIRL
© Arthur Miller, 1966, 1967, 1992
Traduction française : Éditions Grasset et Fasquelle, 1995 ; Éditions Robert Laffont, S. A., Paris, 2015
ISBN : 978-2-221-11487-2

Titre original : ROSEMARY'S BABY
© Ira Levin, 1967. Copyright renewed 1995
Traduction française : Éditions Robert Laffont, S. A., Paris, 1968, 1997, 2010 et 2016
ISBN 978-2-221-19581-9
(édition originale ISBN 0-553-29001-0 Random House, New York)

Titre original : FEAR OF FLYING
© Erica Mann Jong, 1973
Traduction française : Éditions Robert Laffont, S. A., Paris, 1976, 2016
ISBN 978-2-221-19896-4

Titre original : A THEFT
© Saul Bellow, 1989
Tous droits réservés.
Traduction française : Julliard, 1991 et Éditions Robert Laffont, S. A., Paris, 2015
ISBN : 978-2-221-13324-8

Titre original : BROOKLYN
© Colm Tóibín, 2009
Traduction française : Éditions Robert Laffont, S. A., Paris, 2011
ISBN 978-2-221-19230-6
(édition originale : ISBN 978-0-670-91813-3 Viking/Penguin Group, Londres)

Titre original : THE STREET SWEEPER
© Elliot Perlman, 2011
Traduction française : Éditions Robert Laffont, S. A., Paris, 2013
ISBN 978-2-221-10981-6
(édition originale : ISBN 978-1-74166 617-5, Vintage Book, Random House Australia Pty Ltd.)

Titre original : FEAR OF DYING
© 2015 by Erica Mann Jong
Traduction française : Éditions Robert Laffont, S. A., Paris, 2017
ISBN 978-2-221-19272-6
(édition originale : ISBN 978-1-250-06591-9, Library of Congress Cataloging-in-Publication Data)

Table

Edgar Allan Poe, *Doings of Gotham*, 1844	7
Edgar Allan Poe, *Mellonta Tauta*, 1850	9
Walt Whitman, *Leaves of Grass*, 1855	15
Francis Scott Fitzgerald, *All the Sad Young Men*, 1926	19
Arthur Miller, *Focus*, 1945	25
Arthur Miller, *A View from the Bridge*, 1955	29
Richard Yates, *Revolutionary Road*, 1961	37
Arthur Miller, *Homely Girl*, 1966	43
Ira Levin, *Rosemary's Baby*, 1967	51
Erica Jong, *Fear of Flying*, 1973	63
Tom Wolfe, *The Bonfire of the Vanities*, 1987	69
Saul Bellow, *A Theft*, 1989	77
Michael Chabon, *The Amazing Adventures of Kavalier & Clay*, 2000	83
Colm Tóibín, *Brooklyn*, 2009	91
Elliot Perlman, *The Street Sweeper*, 2011	101
Erica Jong, *Fear of Dying*, 2015	117
Liste complète des copyrights	127

Continuez votre escapade
avec les auteurs de la collection
« Pavillons Poche »

Woody Allen
Destins tordus

Ce recueil de textes et pastiches humoristiques traite de sujets variés, tels que la nature de la relativité et la relativité de la nature, la menace ovniprésente des OVNI, ou la vie secrète de Mme Bovary et de son amant Kugelmass, de même, bien sûr, que des obsessions favorites de Woody Allen, partagées – il faut le dire – par nombre de ses fans : sexe, mort et religion. Qu'il aborde la philosophie, la science, les grands événements mondiaux ou la critique gastronomique, le New-Yorkais génial et névrosé déploie dans ces seize courts chefs-d'œuvre son éclectisme et son humour inimitable.

Nicholson Baker
La Mezzanine

Parce qu'il casse son lacet de chaussure, un jeune cadre new-yorkais – le narrateur de cet ébouriffant roman – part, à l'heure du déjeuner, en acheter une paire neuve. En chemin, il va voir comme se liguer contre lui mille objets usuels : un escalier mécanique, des chaussettes, un horodateur, une bouteille de lait, un séchoir à main, deux téléphones… Mais il ne s'agit pas d'un simple inventaire à la Prévert. Confronté à cette armada hyperréaliste de choses, le jeune homme va faire de surprenantes découvertes sur l'amour filial ou les raisons de l'isolationnisme américain. Ce premier roman a propulsé Nicholson Baker au rang d'improbable rejeton d'un Nabokov, d'un Perec et d'un Queneau. La révélation d'un talent comique pas comme les autres.

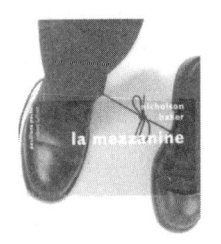

Saul Bellow
Un larcin

Journaliste de mode new-yorkaise renommée, Clara Velde s'est mariée quatre fois. Mais elle reste éperdument amoureuse d'Ithiel, qu'elle a connu avant tous les autres. Incapable de s'engager, il lui avait pourtant offert une bague sertie d'une émeraude qu'elle porte toujours comme symbole de leur amour passé. Un jour, la bague disparaît. Soupçon, colère, détresse, cruauté, remords... Un ouragan d'émotions envahit cette femme jusqu'alors inébranlable et aussi froide que l'acier. La prose acide et gaie de Saul Bellow pointe avec autant de virtuosité que de vivacité les frustrations, lubies secrètes, peurs irrationnelles que les hommes et les femmes – ces vaines créatures – tentent de refouler au plus profond de leur être.

Avery Corman
Kramer contre Kramer

Alors que sa femme Joanna est enceinte de leur fils Billy, Ted Kramer, un jeune publicitaire new-yorkais, jure qu'il deviendra envers et contre tout un père parfait, un père modèle, Dieu-le-Père. Il ne croit pas si bien dire. Quatre ans plus tard, Joanna, frustrée par sa vie de femme au foyer, le quitte et lui abandonne la garde de leur fils. Acte destructeur et fondateur à la fois, la désertion de Joanna met à terre les idées conservatrices de Ted, et le force à repenser entièrement son mode de vie et son quotidien avec Billy. Père et fils réinventent un nouveau lien, fort et indissoluble, indispensable pour survivre à la perte de la mère, et réapprennent à vivre malgré son absence. Jusqu'au jour où, un an et demi plus tard, ce fragile équilibre est menacé par la réapparition de Joanna, qui réclame la garde de l'enfant. Témoins d'un tournant culturel important qui a vu se diffuser pendant les années 1970 les mouvements féministes nés après guerre, le roman *Kramer contre Kramer*, puis le film, magistralement interprété par Dustin Hoffman et Meryl Streep, ont remis en question avec finesse et humanité les idées conventionnelles sur le mariage et l'instinct maternel. Ce portrait plein d'humour et de tendresse d'un petit garçon sensible et de sa famille, si contemporaine, qui s'affranchit des modèles traditionnels, ébranle en touchant juste.

F. Scott Fitzgerald
Un diamant gros comme le Ritz

Un diamant gros comme le Ritz est l'émouvant témoignage d'un écrivain charismatique, chef de file de la célèbre « génération perdue ». Non seulement ce recueil révèle un Fitzgerald extravagant, tendre et mélancolique, mais il évoque aussi une période très ancrée dans l'imaginaire collectif, celle des Années folles, nostalgiques, envoûtantes, perfides, ravageuses. Composé de vingt-huit nouvelles, les meilleures de Fitzgerald, écrites entre 1920 et 1940, ce livre voit cohabiter exilés millionnaires, couples se querellant lors de la traversée de l'Atlantique, ou encore un mari pourtant fidèle qui ne peut empêcher les autres femmes de tomber amoureuses de lui. Malcolm Cowley, ami intime de Fitzgerald et figure emblématique de la « génération perdue », signe la préface de ce recueil.

Erica Jong
Le Complexe d'Icare

Isadora Wing, jeune New-Yorkaise séduisante et insolente, se trouve dans une situation embarrassante : alors qu'elle a peur en avion, la voilà embarquée à dix mille mètres d'altitude avec cent dix-sept psychanalystes, dont sept l'ont eue comme analysante. Assis à côté d'elle, le septième est devenu son second mari. Bien qu'il l'ennuie terriblement, elle l'accompagne à Vienne où elle s'apprête à passer une semaine de séminaires fastidieux. Mais sa rencontre avec Adrian Goodlove, un Anglais au charme irrésistible, va bouleverser son voyage, son mariage et sa vie. Érotique et littéraire, sensuel et intelligent, ce roman captivant a suscité une vive polémique lors de sa publication aux États-Unis en 1973, en plein mouvement de libération des femmes, et a valu à Erica Jong un succès international à seulement trente et un ans. *Le Complexe d'Icare* est un chef-d'œuvre comique qui reste d'une insolence monumentale.

Ira Levin
Rosemary's Baby

Guy et Rosemary, qui viennent d'emménager dans un immeuble bourgeois de l'Upper West Side new-yorkais, se lient rapidement d'amitié avec leurs voisins. Ces derniers sont charmants, attentifs aux moindres besoins de Rosemary, surtout depuis qu'ils ont appris qu'elle attendait un bébé, et rien ne devrait ternir la douce euphorie des nouveaux arrivants. Pourtant, peu à peu, le trouble gagne le jeune couple : ces regards bizarres et ces rêves malsains qui hantent les nuits de Rosemary sont-ils normaux ? L'atmosphère s'épaissit, le mystère devient angoissant... Vendu à cinq millions d'exemplaires dans le monde, salué par la critique, adapté au cinéma par Roman Polanski avec le succès que l'on sait, *Rosemary's Baby* a laissé une empreinte indélébile sur l'histoire de la littérature américaine et sur l'esprit de ses lecteurs. Un chef-d'œuvre du genre.

Le Fils de Rosemary

Rosemary's Baby a fait frissonner le monde entier en racontant, avec un réalisme terrifiant et un suspense irrésistible, la naissance d'un enfant de Satan au cœur de Manhattan. Dans *Le Fils de Rosemary*, l'héroïne se réveille d'un long coma et retrouve son fils, Andy, devenu adulte. Au tournant du siècle, celui-ci fait figure de prophète pour une humanité en quête de sauveur. New York va redevenir le théâtre d'un combat vital entre le bien et le mal. Avec une minutie d'horloger, Ira Levin nous entraîne dans un voyage au bout de l'obscur et nous confronte aux forces troubles qui luttent en chacun de nous. Ensorcelant, obsédant, provocateur, *Le Fils de Rosemary* n'est pas seulement un thriller fantastique dans lequel l'auteur déploie tout son talent de raconteur d'histoires, c'est aussi un conte en forme d'avertissement pour un XXIe siècle plein d'incertitudes.

Arthur Miller
Vu du pont

Docker non loin du pont de Brooklyn, Eddie protège jalousement Catherine, sa nièce de dix-huit ans. L'arrivée du cousin Rodolpho va perturber leur complicité déjà mise à mal par le désir d'émancipation de Catherine. Dans *Je me souviens de deux lundis*, qui suit *Vu du pont* dans ce volume, Bert travaille dans un entrepôt new-yorkais avec des collègues qui essaient, comme lui, de s'en sortir d'une façon ou d'une autre. Quel souvenir va-t-il leur laisser ? Selon Arthur Miller, c'est avec *Vu du pont* qu'il apparut comme un auteur engagé. Quant à *Je me souviens de deux lundis*, il la considérait comme une de ses pièces les plus autobiographiques. Les deux œuvres, jouées ensemble à Broadway en 1955, gardent une place essentielle dans son répertoire.

Une fille quelconque

Complexée par son visage quelconque, Janice Sessions a souffert toute son enfance des critiques de sa mère sur son physique. À l'aube de la Seconde Guerre mondiale, elle mène une vie monotone à New York auprès de son époux, un militant communiste plus âgé qu'elle. Tandis que son vieux père juif rend l'âme, son mari part combattre en Europe. Désormais sans attache, elle entame une liaison avec un homme qui lui révèle le plaisir des sens. Mais c'est auprès de Charles, un pianiste aveugle, qu'elle se sentira aimée et acceptée pour ce qu'elle est. Sur fond de crise mondiale et avec une sobriété cinglante, Arthur Miller nous livre un admirable portrait de femme.

Focus

Bien qu'il ne le soit pas, on prend M. Newman pour un juif. Des lunettes, un nez un peu trop proéminent, et voilà la spirale de l'exclusion qui se met en marche. Sur ce sujet universel, l'auteur des *Sorcières de Salem* et de *Vu du pont* a écrit dans l'immédiat après-guerre un livre émouvant et dur à la fois, qui lui donne la stature de pionnier de cette école juive du roman qui fit les beaux jours de la littérature américaine de la seconde moitié du XXe siècle, et dont Saul Bellow, Bernard Malamud et Philip Roth à leur suite ont été les figures majeures. Rendant compte de ce livre pour *Combat*, Maurice Nadeau écrivit que « Jean-Paul Sartre n'aurait pu rêver plus belle illustration de ses thèses controversées sur la question juive ».

Mario Puzo
Le Parrain

Si l'on veut comprendre comment est née et s'est développée la Mafia aux États-Unis, avec la corruption des flics et des hommes politiques, l'infiltration du show-business et la spirale meurtrière des familles en guerre, il faut lire *Le Parrain*, ce classique qui a profondément marqué la littérature criminelle. Il faut se plonger dans ce roman, fourmillant de personnages, d'intrigues et d'épisodes, comme dans un feuilleton énorme, il faut se laisser emporter par les inoubliables figures du clan Corleone, confrontées à l'irrésistible ascension d'un nouveau chef de famille. L'épopée du *Parrain* a su élever le fait divers au rang de mythe. Et a aussi inspiré l'un des plus grands films de l'histoire du cinéma.

J. D. Salinger
L'Attrape-cœurs

Issu d'une famille aisée à New York, Holden Caulfield intègre le pensionnat Pencey Prep en Pennsylvanie. Mais, quand il est viré à la fin du semestre, il s'en va plus tôt que prévu pour quelques jours d'aventure. C'est ainsi qu'on devient son partenaire et confident dans une aventure de délinquance innocente. Même s'il n'a pas envie de raconter « toutes ces conneries », c'est exactement ce qu'il va faire : on découvre une histoire captivante, un portrait incontournable de l'Amérique de l'après-guerre et l'un des personnages les plus aimés de la littérature. Holden passe son temps entre taxis et boîtes de jazz parmi les étrangers d'un New York transi de froid de l'époque McCarthy. C'est une ville parfois éblouissante, parfois ahurissante, mais toujours frappante, dans laquelle Holden essaie de fuir les « ploucs » et trouver sa place à lui. Quand il décide de partir, seule Phoebe, sa petite sœur et peut-être sa seule amie depuis la mort de son petit frère, Allie, veut l'accompagner. Avec un humour féroce pince-sans-rire et une innocence désarmante, Holden a ému des millions de lecteurs à travers le monde. Pourquoi un tel succès ? Objet de réflexions sur la souffrance de l'adolescence, le passage de l'enfance à l'âge adulte et toutes les questions existentielles qui nous traversent durant cette période, le livre reste un rite de passage pour les jeunes de tous âges.

Franny et Zooey

Initialement publié dans le *New Yorker* en deux livraisons distinctes, « Franny » en 1955 et « Zooey » en 1957, puis réuni en volume en 1961, *Franny et Zooey* s'attache aux deux plus jeunes des enfants Glass, tous connus pour leur précocité intellectuelle. Dans la première courte nouvelle, Franny la benjamine passe le week-end avec son petit ami, Lane Coutell. Alors qu'ils sont en train de déjeuner et que Lane tente d'impressionner Franny avec son travail universitaire, celle-ci est victime d'un malaise, qui se révèle de nature spirituelle : comme antidote à la superficialité et à l'égocentrisme ambiants, la jeune femme s'était mis en tête de suivre les enseignements d'un petit livre mystique prônant la prière perpétuelle. Affaiblie par cette pratique, elle avait peu à peu sombré dans une dépression profonde. Le second texte suit Franny à son retour dans l'appartement familial de l'Upper East Side à Manhattan, deux jours après son malaise. Zooey, le plus jeune garçon de la famille, et Bessie, leur mère, s'inquiètent de l'état dans lequel ils trouvent Franny. Inspiré par quelques citations philosophiques de Seymour et par une lettre de Buddy – les deux imposants frères aînés, véritables monstres sacrés de la famille Glass –, Zooey va tenter d'aider Franny à dépasser sa dépression et à trouver sa voie vers l'illumination.

Nouvelles

Aussi incroyable que cela puisse paraître, la sortie en France de *L'Attrape-cœurs* en 1953 est passée inaperçue. Ce n'est que deux ans plus tard, avec la parution de ses *Nouvelles*, que Salinger est enfin révélé au public français. Ce recueil contient : « Un jour rêvé pour le poisson-banane », « Oncle déglingué au Connecticut », « Juste avant la guerre avec les Esquimaux », « L'Homme hilare », « En bas, sur le canot », « Pour Esmé, avec amour et abjection », « Jolie ma bouche et verts mes yeux », « L'époque bleue de Daumier-Smith », « Teddy ».

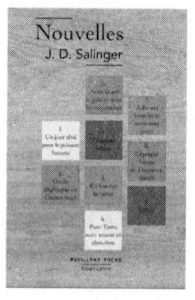

James Thurber
La Vie secrète de Walter Mitty

Lorsqu'on écrira une histoire de l'humour au XXᵉ siècle, James Thurber (1894-1961), pilier du fameux magazine *The New Yorker*, devra y figurer au tout premier plan. Ses nouvelles et ses dessins ont enchanté des générations de lecteurs tant il est vrai, comme l'a écrit Jacques Sternberg qui l'introduisit en France, qu'il faisait penser à ces musiciens de jazz moderne, habiles dans l'art de broder d'éblouissantes paraphrases en partant de vieilles rengaines. Son humour, on le constate dans ce recueil de quelques-unes de ses meilleures nouvelles, dont la célèbre « Vie secrète de Walter Mitty » (portée à l'écran une première fois avec un Danny Kaye inénarrable, puis par Ben Stiller), fut nourri de ces petits incidents de la vie quotidienne qui, s'ils paraissent anodins à première vue, recèlent au fond de quoi fonder une morale plus riche que celle véhiculée par tant d'ouvrages à prétentions. Lisons Thurber ; il nous aide à aimer la vie !

Richard Yates
La Fenêtre panoramique

April et Frank Wheeler forment un jeune ménage américain comme il y en a tant : ils s'efforcent de voir la vie à travers la fenêtre panoramique du pavillon qu'ils ont fait construire dans la banlieue new-yorkaise. Frank prend chaque jour le train pour aller travailler à New York dans le service de publicité d'une grande entreprise de machines électroniques mais, comme April, il se persuade qu'il est différent de tous ces petits-bourgeois au milieu desquels ils sont obligés de vivre. Certains qu'un jour leur vie changera... Pourtant les années passent sans leur apporter les satisfactions d'orgueil qu'ils espéraient. S'aiment-ils vraiment ? Jouent-ils à s'aimer ? Se haïssent-ils sans se l'avouer ?... Quand leur échec social devient évident, le drame éclate.

Pavillons Poche

Titres parus

Peter Ackroyd
Un puritain au paradis

Woody Allen
Destins tordus

Niccolò Ammaniti
Et je t'emmène

Sherwood Anderson
Le Triomphe de l'œuf

Margaret Atwood
Faire surface
La Femme comestible
Mort en lisière
Œil-de-chat
La Servante écarlate
La Vie avant l'homme

Dorothy Baker
Cassandra au mariage

Nicholson Baker
À servir chambré
La Mezzanine

Ulrich Becher
La Chasse à la marmotte

Saul Bellow
La Bellarosa connection
Le Cœur à bout de souffle
Un larcin

Robert Benchley
Le Supplice des week-ends

Adolfo Bioy Casares
Journal de la guerre au cochon
Le Héros des femmes
Un champion fragile
Nouvelles fantastiques

William Peter Blatty
L'Exorciste

Jorge Luis Borges, Adolfo Bioy Casares
Chroniques de Bustos Domecq
Nouveaux Contes de Bustos Domecq
Six problèmes pour Don Isidro Parodi

Mikhaïl Boulgakov
Le Maître et Marguerite
Le Roman théâtral
La Garde blanche

Vitaliano Brancati
Le Bel Antonio

Anthony Burgess
L'Orange mécanique
Le Testament de l'orange
Les Puissances des ténèbres

Dino Buzzati
Bestiaire magique
Le régiment part à l'aube
Nous sommes au regret de…
Un amour
En ce moment précis
Bàrnabo des montagnes
Panique à la Scala
Chroniques terrestres

Lewis Carroll
Les Aventures d'Alice sous terre

Michael Chabon
Les Mystères de Pittsburgh
Les Loups-garous dans leur jeunesse
La Solution finale

Upamanyu Chatterjee
Les Après-midi d'un fonctionnaire très déjanté

Collectif
Rome, escapades littéraires
Saint-Pétersbourg, escapades littéraires

Berlin, escapades littéraires
New York, escapades littéraires

John Collier
Le Mari de la guenon

Sir Arthur Conan Doyle
Sherlock Holmes : son dernier coup d'archet

William Corlett
Deux garçons bien sous tous rapports

Avery Corman
Kramer contre Kramer

Helen DeWitt
Le Dernier Samouraï

Joan Didion
Maria avec et sans rien
Un livre de raison
Démocratie

E. L. Doctorow
Ragtime

Roddy Doyle
La Femme qui se cognait dans les portes
The Commitments
The Snapper
The Van
Paula Spencer

Andre Dubus III
La Maison des sables et des brumes

Lawrence Durrell
Affaires urgentes

F. Scott Fitzgerald
Un diamant gros comme le Ritz

Zelda Fitzgerald
Accordez-moi cette valse

E. M. Forster
Avec vue sur l'Arno
Arctic Summer

Carlo Fruttero
Des femmes bien informées

Carlo Fruttero et Franco Lucentini
L'Amant sans domicile fixe

Graham Greene
Les Comédiens
La Saison des pluies
Le Capitaine et l'Ennemi
Rocher de Brighton
Dr Fischer de Genève
Tueur à gages
Monsignor Quichotte
Mr Lever court sa chance, nouvelles complètes 1
L'Homme qui vola la tour Eiffel, nouvelles complètes 2
Un Américain bien tranquille
La Fin d'une liaison

Kent Haruf
Colorado Blues
Le Chant des plaines
Les Gens de Holt County

Jerry Hopkins et Daniel Sugerman
Personne ne sortira d'ici vivant

Bohumil Hrabal
Une trop bruyante solitude
Moi qui ai servi le roi d'Angleterre
Rencontres et visites

Henry James
Voyage en France
La Coupe d'or

Erica Jong
Le Complexe d'Icare

Thomas Keneally
La Liste de Schindler

Janusz Korczak
Journal du ghetto

Jaan Kross
Le Fou du tzar

D. H. Lawrence
Le Serpent à plumes

John Lennon
En flagrant délire

Siegfried Lenz
La Leçon d'allemand
Le Dernier Bateau
Une minute de silence
Le Bureau des objets trouvés

Ira Levin
Le Fils de Rosemary
Rosemary's Baby

Norman Mailer
Le Chant du bourreau
Bivouac sur la Lune
Les vrais durs ne dansent pas
Mémoires imaginaires de Marilyn
Morceaux de bravoure
Prisonnier du sexe

Dacia Maraini
La Vie silencieuse de Marianna Ucrìa

Guillermo Martínez
Mathématique du crime
La Mort lente de Luciana B
La Vérité sur Gustavo Roderer

Tomás Eloy Martínez
Santa Evita
Le Roman de Perón

Richard Mason
17 Kingsley Gardens

Somerset Maugham
Les Trois Grosses Dames d'Antibes
Madame la Colonelle
Mr Ashenden, agent secret
Les Quatre Hollandais

James A. Michener
La Source

Arthur Miller
Ils étaient tous mes fils
Les Sorcières de Salem
Mort d'un commis voyageur
Les Misfits
Focus
Enchanté de vous connaître
Une fille quelconque
Vu du pont *suivi de* Je me souviens de deux lundis

Pamela Moore
Chocolates for breakfast

Daniel Moyano
Le Livre des navires et bourrasques

Vítězslav Nezval
Valérie ou la Semaine des merveilles

Geoff Nicholson
Comment j'ai raté mes vacances

Joseph O'Connor
À l'irlandaise

Pa Kin
Le Jardin du repos

Katherine Anne Porter
L'Arbre de Judée

Mario Puzo
Le Parrain
La Famille Corleone *(avec Ed Falco)*

Mario Rigoni Stern
Les Saisons de Giacomo

Saki
Le Cheval impossible
L'Insupportable Bassington

J. D. Salinger
Dressez haut la poutre maîtresse, charpentiers,
suivi de Seymour, une introduction
Franny et Zooey

L'Attrape-cœurs
Nouvelles

Roberto Saviano
Le Contraire de la mort *(bilingue)*

Sam Shepard
Balades au paradis
À mi-chemin

Robert Silverberg
Les Monades urbaines

Johannes Mario Simmel
On n'a pas toujours du caviar

Alexandre Soljenitsyne
Le Premier Cercle
Zacharie l'Escarcelle
La Maison de Matriona
Une journée d'Ivan Denissovitch
Le Pavillon des cancéreux

Robert Louis Stevenson
L'Étrange cas du Dr Jekyll et de Mr Hyde

Quentin Tarantino
Inglourious Basterds

Edith Templeton
Gordon

James Thurber
La Vie secrète de Walter Mitty

John Kennedy Toole
La Bible de néon

John Updike
Jour de fête à l'hospice

Alice Walker
La Couleur pourpre

Evelyn Waugh
Retour à Brideshead
Grandeur et décadence
Le Cher Disparu
Scoop

Une poignée de cendres
Ces corps vils
Hommes en armes
Officiers et gentlemen
La Capitulation

Tennessee Williams
Le Boxeur manchot
Sucre d'orge
Le Poulet tueur et la folle honteuse

Tom Wolfe
Embuscade à Fort Bragg

Virginia Woolf
Lectures intimes

Richard Yates
La Fenêtre panoramique
Onze histoires de solitude
Easter Parade
Un été à Cold Spring
Menteurs amoureux
Un dernier moment de folie

Stefan Zweig
Lettre d'une inconnue *suivi de* Trois nouvelles de jeunesse

Titre à paraître

Jhumpa Lahiri
Longues distances

Composition et mise en pages
Nord Compo à Villeneuve-d'Ascq

Dépôt légal : mai 2017
N° d'édition : 55906/01 – N° d'impression : 59106

Imprimé en Espagne